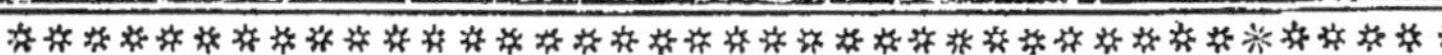

LETTRE

DE

STANISLAS GIRARDIN,

SUR

LA MORT DE J. J. ROUSSEAU,

SUIVIE

DE LA RÉPONSE DE M. MUSSET-PATHAY.

Prix : 3 fr.

A PARIS,

CHEZ P. DUPONT, LIBRAIRE,

ÉDITEUR DES OEUVRES COMPLÈTES DE J. J. ROUSSEAU, VOLTAIRE ET RACINE,
HÔTEL DES FERMES, RUE DU BOULOY, N° 24.

1825.

LETTRE

DE

STANISLAS GIRARDIN,

A M. MUSSET-PATHAY,

SUR LA MORT DE J. J. ROUSSEAU.

PARIS, IMPRIMERIE DE GAULTIER - LAGUIONIE.

LETTRE

DE

STANISLAS GIRARDIN,

A M. MUSSET-PATHAY,

AUTEUR DE L'OUVRAGE INTITULÉ :

HISTOIRE DE LA VIE ET DES OUVRAGES
DE J. J. ROUSSEAU.

Ermenonville, ce 8 juin 1824.

MONSIEUR,

J'ai lu votre écrit sur la vie et les œuvres de J. J. Rousseau : je rends avec plaisir une entière justice au mérite littéraire de votre ouvrage ; ce devoir acquitté, il m'en reste un autre à remplir, c'est celui de justifier mon père de l'accusation qui se trouve intentée contre lui dans votre livre, et qui n'est nullement fondée, comme j'espère parvenir à le démontrer.

Comment se fait-il que vous ayez pu croire un seul instant que Rousseau s'était donné volontairement la mort, et que vous ayez préféré à ce sujet des ouï-dire à des preuves légales ?

1.

Sur quoi repose l'opinion que vous vous efforcez d'accréditer?

1º Sur le propos d'un maître de poste, rapporté dans une lettre de M. de Corancez; il prétend que celui de Louvres lui a dit « que M. Rousseau « s'était tué d'un coup de pistolet. »

2º Madame de Staël assure « qu'il s'est empoi- « sonné dans une tasse de café. »

Voilà deux versions différentes ; mais, pour qu'elles ne se contrarient pas, vous les conciliez, et vous dites : « Nous croyons que, pour accélérer « le moment fatal, Jean-Jacques employa les deux « moyens, c'est-à-dire, qu'il prit du poison; et que, « pour abréger la lenteur de ses effets, la durée des « souffrances, il les termina par un coup de pistolet.

« M. de Girardin le nie. M. de Corancez, dans sa « relation sur la mort de Rousseau dit qu'on se « mette à la place de M. de Girardin; il n'avait cher- « ché à attirer chez lui Rousseau, que pour son « bonheur et celui de sa femme. N'était-il pas bien « fâcheux, non-seulement de n'avoir pas réussi, « mais encore de pouvoir être accusé d'être la cause « première de ce malheureux événement? Sa déné- « gation et son silence sont donc dans l'ordre na- « turel. »

Connaissant la vérité, l'on me reprocherait, con- tinue M. de Corancez, de ne pas la faire sortir tout entière. Après avoir affirmé qu'il la connaissait, l'on est tout surpris de l'entendre répondre à ses lecteurs (qui sont supposés lui demander : Rous- seau s'est-il défait volontairement?) : « je n'en sais

« rien, mais je le crois. » S'il n'en savait rien, pourquoi l'affirme-t-il? s'il n'en savait rien, pourquoi avance-t-il que la vérité lui était connue? s'il n'en savait rien, pourquoi s'est-il permis d'accuser M. de Girardin d'avoir altéré cette même vérité? Lorsque l'on s'y détermine, l'on a nécessairement un but; et quel but M. de Girardin pouvait-il avoir?

Supposons que Rousseau se soit tué; pourquoi M. de Girardin aurait-il voulu le cacher? quel est l'homme qui aurait pu raisonnablement l'accuser d'être la cause de ce *malheureux événement*? quel reproche pouvait-on avoir à faire à M. de Girardin? En était-ce un fondé, que de lui dire : Vous avez offert une retraite à Jean-Jacques dans le plus beau lieu du monde, vous l'avez logé dans un des pavillons de votre château, en attendant qu'une maison choisie par lui, eût été disposée pour le recevoir; vous lui avez prodigué des attentions de tous les genres : tant de prévenances, tant d'égards, tant de soins, ont été tellement insupportables à Rousseau, qu'il a pris pour s'y soustraire le parti de se détruire. Si cela fût arrivé, qu'aurait-on dit? Aucun tort sans doute n'eût été imputé à M. de Girardin, et l'on n'aurait vu dans ce suicide que ce qu'il aurait été en effet, un acte de démence.

Ce suicide, monsieur, n'a pas eu lieu, et le propos du maître de poste de Louvres n'a pas le moindre fondement. « Il avait cependant, dites-vous, frappé « M. de Corancez, et l'avait frappé à ce point, « qu'en arrivant à Ermenonville le lendemain de la « mort de Jean-Jacques, il en parla à M. de Gi-

« rardin, qui en parut étonné et choqué. » Pouvait-il
ne pas l'être à cause de la mémoire de son ami ? Au
surplus, il offrit à M. de Corancez de lui montrer
le corps de Jean-Jacques ; s'il eût voulu le voir, ses
doutes se seraient dissipés. Pourquoi s'y est-il refusé ? pourquoi a-t-il accordé plus de confiance à
un propos répété par un maître de poste, qu'aux
paroles de mon père ? pourquoi ? c'est qu'il était
peut-être encore piqué de ce que Rousseau n'était
point allé habiter à Sceaux l'appartement que M. de
Corancez lui avait proposé, et qu'il avait d'abord
accepté. Il veut faire entendre que Rousseau
éprouva des regrets tellement vifs d'avoir accordé
la préférence à Ermenonville, qu'un jeune chevalier de Malte, nommé Flamanville, que M. de Corancez rencontra par hasard à l'Opéra, lui dit : « J'ai
« vu Rousseau depuis qu'il est établi à Ermenon-
« ville ; il m'a remis un papier écrit de sa main,
« pour me prier de lui trouver un asile dans un
« hôpital. » — Où est ce papier ? M. de Corancez n'a-
vance pas qu'il l'ait lu ; l'on peut donc douter de
son existence. Rousseau n'en était pas réduit à ce
point d'avoir besoin, pour vivre, de recourir à la
charité publique. Son goût pour l'indépendance
était tellement connu, que l'on se persuadera difficilement qu'il eût voulu, sans y être contraint
par la nécessité, se soumettre à la discipline ou
plutôt à la règle d'un hôpital. — Tous les raisonnements de M. de Corancez sont donc appuyés sur
un propos répété par un maître de poste, sur un
prétendu papier remis à l'Opéra par Rousseau à

un chevalier de Malte, pour l'inviter à lui trouver un asile dans un hospice.

C'est avec de semblables conjectures que vous entreprenez de détruire des faits incontestables? Je le répète encore, pourquoi M. de Corancez n'a-t-il pas consenti à voir Rousseau après sa mort? Mais si M. de Corancez ne l'a pas vu, presque tous les habitants du village d'Ermenonville sont venus le contempler, après qu'il eut rendu le dernier soupir; ils ont été frappés de la sérénité de son visage, et ont remarqué que ses traits n'étaient point altérés.

Au moment où Rousseau est mort, Thérèse Levasseur était seule avec lui; elle était enfermée dans sa chambre. Pour que le suicide eût eu lieu, il eût fallu qu'elle en eût été complice; sans cette supposition le pistolet eût révélé la cause de la mort: l'on sait que Rousseau n'avait pas d'armes, l'on croit même que l'usage lui en était totalement étranger. Il aurait donc été obligé de se procurer des pistolets? L'on n'en vend pas dans un village. Il eût fallu les demander à Paris, ou les faire venir d'une ville voisine. C'est une commission dont quelqu'un aurait été chargé; on l'aurait dit, on l'aurait su. Il fallait nécessairement, pour se tuer en présence de Thérèse Levasseur, que Rousseau la mît dans la confidence. Croit-on qu'elle ait pu consentir à l'aider dans une aussi fatale résolution? Ne sait-on pas qu'en perdant Jean-Jacques elle faisait une perte irréparable; elle n'était donc pas complice.

L'explosion d'ailleurs produite par un coup de

pistolet dans une chambre fermée se serait enten=
due. L'appartement de Rousseau n'était pas isolé.
Le concierge du château logeait au-dessous; la
fenêtre en donne sur une rue du village très-passagère. Lorsque Rousseau est tombé et qu'il s'est
fait une blessure à la tête, dont nous parlerons
bientôt, il était dix heures du matin. Après cette
chute, Thérèse Levasseur le voyant sans connaissance, pousse des cris affreux, appelle du secours; on
arrive. M. de Girardin et ses gens se précipitent dans
la chambre; on relève Jean-Jacques, on le porte sur
son lit. S'il s'était tué d'un coup de pistolet, l'arme
n'aurait-elle pas frappé tous les regards? Le crâne
n'eût-il pas été fracassé? La nouvelle que Rousseau
s'était brûlé la cervelle n'aurait-elle pas circulé sur-
le-champ? n'aurait-elle pas été répétée par tous
les hommes, par toutes les femmes du village, par
tous les domestiques de la maison de mon père? Il
n'en a pas été question un seul instant à Ermenonville.—Mais cela ne prouve rien, me direz-vous,
puisqu'elle a été répandue à Louvres, qui en est
à quatre grandes lieues, par le maître de poste de
ce bourg.

M. de Girardin, auquel vous supposez, l'on ne
peut concevoir pourquoi, l'envie de dérober au
public la connaissance de ce suicide, s'y serait pris
pour y parvenir, vous l'avouerez, d'une manière
bien extraordinaire. Il aurait dit à M. de Corancez,
le premier qui lui en ait parlé : « Voyez le corps,
« visitez-le, et vous acquerrez la preuve que Rous-
« seau ne s'est pas tué. »

M. de Girardin voulant transmettre à la postérité les traits fidèles d'un homme de génie, l'honneur et la gloire de son siècle, envoie un courrier à Paris pour inviter le célèbre sculpteur Houdon à se rendre sur-le-champ à Ermenonville pour y mouler Rousseau. Houdon arrive; il amène avec lui des Italiens habitués à couler des plâtres. M. de Girardin veut connaître, et il veut que l'on connaisse la cause de la mort subite de Rousseau; il fait venir des chirurgiens des villes voisines pour la constater. Son corps est ouvert, la cause de la mort est reconnue, et le procès-verbal d'ouverture dressé par des gens de l'art est signé par eux.

Maintenant, monsieur, dites-moi si c'est ainsi que l'on s'y prend pour cacher un suicide? Voyez combien de gens il aurait fallu mettre dans la confidence; et croyez-vous qu'un secret confié à tant de personnes eût été un secret bien gardé? D'ailleurs, monsieur, faites cette seule réflexion : si Rousseau s'était tué d'un coup de pistolet, la cause de sa mort aurait été bien connue, et l'on n'aurait pas eu besoin, pour la découvrir, de faire faire l'ouverture de son corps. Si Rousseau s'était tué d'un coup de pistolet, l'on n'eût point fait venir M. Houdon pour le mouler. Un coup de pistolet *tiré à bout portant* dans la tête, fait sauter la cervelle, inonde le visage de sang et en décompose tous les traits : une balle à une aussi petite distance ne se borne pas, comme vous le supposez, à faire un trou comme elle le ferait dans une planche de sapin ou dans une feuille de carton; elle fracasse les os du crâne. Tous les artistes vous diront qu'il devient dès-lors impossible de mouler la tête d'un homme qui s'est brûlé la cervelle : or, voyez le moule pris par M. Houdon, vous y trouverez des traits parfaitement conservés, et aucune trace des ravages qu'une balle de pistolet n'aurait pas manqué de faire.

Les chirurgiens, dites-vous encore, n'ont pas parlé de ce trou, de cette blessure à la tête ; donc ils ont voulu la dissimuler. Vous êtes dans l'erreur ; il en est fait mention dans leur procès verbal ; mais ils n'ont pas insisté sur une blessure dont ils connaissaient la cause ; ils savaient qu'elle n'avait pu être celle de la mort de Jean-Jacques, et qu'elle était la suite toute naturelle de sa chute.

, Il faut, du moins je le pense, d'après ce que je viens d'établir, renoncer tout-à-fait à l'idée que Jean-Jacques s'est tué d'un coup de pistolet. Cette version a paru tellement fabuleuse à madame de Staël, qu'elle n'a pas même essayé de l'accréditer dans ses lettres sur Rousseau, tout en disant néanmoins « qu'elle regarde comme certain que Jean-« Jacques s'est donné la mort. Cette certitude au « surplus lui vient de ce qu'un Génevois lui a mon-« tré une lettre que Jean-Jacques lui écrivit quel-« que temps avant sa mort, et dans laquelle il « semblait lui annoncer ce dessein. »

Ce Génevois était vraisemblablement M. de Corancez, car il est le seul Génevois qui ait vécu avec Rousseau dans l'intimité, pendant les dernières années de sa vie.

L'on est étonné de ce que M. de Corancez n'ait point fait imprimer la lettre dont parle madame de Staël, lui qui paraissait attacher tant de prix à accréditer l'opinion que Jean-Jacques s'était suicidé. Il n'a pas manqué sans doute de parler à madame de Staël du propos du maître de poste de Louvres, et de lui dire que le jour de sa mort Rousseau était allé herboriser; qu'il avait cueilli des plantes; qu'il les avait préparées et infusées dans la tasse de café qu'il avait prise.

M. de Corancez, persuadé que Rousseau s'était tué, et madame de Staël, très-disposée à le croire, ont discuté sans doute sur le genre de sa mort. Le coup de pistolet a paru à cette dernière une absurdité; elle aura forcé M. de Corancez d'en convenir. Alors elle se sera emparée de la tasse de café, et elle aura tout naturellement placé dans cette tasse le poison qui aurait servi à abréger les jours de Rousseau.

J'avoue que cette seconde opinion ne peut être écartée par des raisonnements aussi victorieux que ceux que je viens d'employer. J'espère néanmoins parvenir à démontrer qu'elle n'est pas mieux fondée que la première; elle a déjà été combattue par une de mes sœurs; et c'est dans sa lettre à madame de Staël que je puiserai mes plus forts arguments [1].

Madame de Staël, persuadée ou voulant l'être que Jean-Jacques s'était donné la mort, a dû vouloir en découvrir le motif; elle ne pouvait le trouver dans le genre de vie qu'il menait à Ermenon-

[1] Voir les pièces justificatives à la fin de cette lettre.

ville ; elle n'aurait pu effectivement considérer
Jean-Jacques comme fort à plaindre d'y faire tout
ce qui pouvait lui convenir ; d'herboriser, de com-
poser des romances, ou de déposer sur des cartes
les pensées qui se pressaient dans sa tête pendant
ses longues promenades dans des lieux solitaires.
Elle a donc dû en imaginer un autre ; elle l'a puisé
dans cette supposition que « Rousseau s'était aperçu
« des viles inclinations de sa femme pour un homme
« de l'état le plus bas. Le voilà tout accablé de cette
« découverte, dit madame de Staël ; et elle ajoute
« qu'il est resté huit heures de suite sur le bord de
« l'eau dans une méditation profonde. »

Un roman tout entier, développé en une seule
phrase, a dû sourire à l'imagination de madame de
Staël. Mais comme l'illusion qu'elle nourrissait avec
complaisance se serait dissipée successivement si
elle eût voulu commencer par s'avouer que Rousseau avait alors soixante-six ans, sa femme plus de
soixante, et l'homme de l'état le plus bas, pour lequel on lui supposait de viles inclinations, cinquante
et tant ; lorsqu'il faut placer l'amour et la jalousie
dans un pareil cadre, l'on voit qu'il ne peut nullement leur convenir. Ces réflexions n'ont pas été
faites sans doute par madame de Staël ; elles eussent été plus que suffisantes pour lui faire sentir
combien était ridicule le motif qu'elle s'efforçait de
donner à la mort de Rousseau.

Je dois dire maintenant ce qui est vrai : c'est
que Jean-Jacques n'a pu s'apercevoir peu de jours
avant sa fin *des viles inclinations de sa femme pour*

un homme de l'état le plus bas, puisque ces inclinations n'éxistaient pas encore, et que ce n'est
que plusieurs mois après le décès de Rousseau
qu'elle a fait connaissance avec cet homme que
madame de Staël veut désigner, et qui, de palefrenier, était devenu valet de chambre de mon père.

Voilà donc la cause principale à laquelle madame
de Staël attribue le suicide de Rousseau entièrement détruite. Maintenant examinons les autres.

Madame de Staël prétend avoir su que le matin
du jour où Rousseau mourut, il se leva en parfaite
santé. Non ; il se plaignit d'avoir été indisposé pendant toute la nuit. « Il prit avant de sortir, dit
« madame de Staël, du café qu'il fit lui-même. » Il
ne sortit pas. Voilà du moins ce qu'affirme Thérèse Levasseur, dans une lettre de reproches très-
fondés, selon nous, qu'elle écrivit à M. de Corancez, pour se plaindre de ce qu'il s'était permis
d'avancer que Rousseau s'était tué d'un coup de
pistolet. Elle atteste à ses concitoyens, elle atteste
à la postérité, que Rousseau ne s'est point empoisonné dans une tasse de café, et qu'il ne s'est pas
brûlé la cervelle. Qu'importe, direz-vous, la dénégation de Thérèse Levasseur ? Elle importe beaucoup ; elle a du poids, et elle en acquiert surtout
par la réunion de circonstances qui tendent à en
démontrer la véracité : dès-lors elle nous paraît
devoir être considérée comme décisive.

J'accorderai, si l'on veut, que Rousseau a pris
une tasse de café le jour de sa mort. Mais où est
la preuve que ce café contînt du poison ? Toutes

celles du contraire vont être successivement pro-
duites. Ce café, suivant madame de Staël, il l'aurait
pris en se levant. Supposons qu'il eût été alors sept
ou huit heures du matin, c'est à dix heures qu'il
est mort. Combien aurait donc été violent un pareil poison! quel ravage il aurait fait! Les traces en
eussent été bien visibles à l'extérieur; il eût altéré
sensiblement les traits de la figure; il eût accéléré
la putréfaction. M. Houdon, en moulant la tête de
Jean-Jacques, se serait facilement aperçu de la
cause de sa mort; mais s'il ne l'eût pas découverte,
elle n'aurait pu échapper aux chirurgiens qui firent
l'ouverture de son corps; beaucoup de personnes
en ont été les témoins; elle n'a point eu lieu pour
cacher la cause de sa mort, mais au contraire pour
la découvrir et la faire connaître au public; M. de
Girardin, qui a voulu que cette ouverture eût lieu
parce que Jean-Jacques l'avait demandée, ne la fit
faire sans doute que pour constater le principe de
la mort de Rousseau. Elle a été subite, conséquemment extraordinaire; dès-lors, il fallait en recher-
cher les sources; elles ont été trouvées, elles étaient
naturelles. Le procès verbal des chirurgiens détruit
toutes les suppositions de M. de Corancez et de
madame de Staël. Si l'on a cru, si l'on croit encore, d'après le témoignage de ces deux écrivains,
que Rousseau se soit donné volontairement la mort,
l'on croit une chose qui n'est pas, une chose démentie par des preuves légales, et je puis ajouter
aussi, par des preuves morales. Personne à Ermenonville, absolument personne, ne pense que Jean-

Jacques se soit suicidé. Il existe encore dans ce village plusieurs individus qui le virent après sa mort, qui assistèrent à l'ouverture de son corps. Interrogez-les, comme je l'ai fait, ils vous diront, comme l'a dit Thérèse Levasseur : *Rousseau ne s'est point empoisonné dans une tasse de café ; il ne s'est pas brûlé la cervelle.*

Pourquoi se serait-il suicidé? quel motif aurait pu le porter à cet acte de désespoir? Celui supposé par madame de Staël, et sur lequel vous insistez dans plusieurs de vos notes, n'existait pas; je l'ai démontré, et ma sœur l'avait déjà fait avant moi. Le séjour d'Ermenonville ne lui était pas devenu insupportable à ce point de vouloir se donner la mort, comme un moyen d'en sortir; il paraissait au contraire s'y plaire, et s'y plaire beaucoup; il aimait mon père, qui était un homme instruit et spirituel; sa conversation l'intéressait, il la recherchait; il aimait toute notre famille, il dînait souvent avec elle; et, lorsqu'elle était seule, c'était au milieu d'elle qu'il passait ses soirées à faire ou à entendre de la musique. Il avait pris un attachement extrêmement vif pour un de mes frères qui l'accompagnait dans toutes ses promenades. Un jour l'on ne voulut pas lui permettre de l'emmener, pour le punir d'une faute qu'il avait faite. « Ce « n'est pas lui, dit-il, que l'on punit, c'est moi. »

Jean-Jacques avait entrepris *la Flore d'Ermenonville* ; il y travaillait avec zèle. Il faisait, dans les beaux jours d'été, une abondante récolte de plantes et de fleurs. « Je les classerai et les arrangerai, di-

« sait-il, dans les longues soirées d'hiver ; ce sera une
« occupation. » L'on sait le soin que Jean-Jacques
mettait dans l'arrangement de son herbier, et combien cela lui prenait de temps. Il avait aussi jeté
des notes sur des cartes, écrit des pensées déta-
chées ; c'était encore pendant l'hiver qu'il se pro-
posait de perfectionner et de lier ce travail. Jean-
Jacques non-seulement jouissait ici du présent,
mais il s'y occupait encore de l'avenir. Rien n'annonçait, rien n'a pu faire croire qu'il ait été malheureux à Ermenonville, et jamais on ne l'aurait
soupçonné, sans ce prétendu billet que M. Flamanville assure qu'il lui a remis pour le prier de vouloir bien le faire entrer dans un hôpital. Une semblable recommandation, ce me semble, n'a pas
besoin d'être écrite pour que l'on s'en souvienne.
Il est des choses qui ne peuvent être oubliées, et
la demande de Rousseau à M. Flamanville me paraît devoir être de ce nombre. Je me permettrai
donc de douter qu'elle ait été faite jusqu'au moment où l'on produira le billet que l'on assure
avoir été écrit par Rousseau.

L'Histoire de la vie et des ouvrages de Jean-
Jacques, que vous venez de faire imprimer, est
un sûr garant de la profonde admiration que vous
nourrissez pour cet homme supérieur. Comment
se fait-il donc, monsieur, que vous qui le justifiez
si bien des torts qui lui sont reprochés et des contradictions qui lui sont imputées, vous vous joigniez à ceux qui l'accusent de s'être ôté la vie ?
Comment n'avez-vous pas senti que ce pouvait

être aussi un moyen inventé pour le mettre en contradiction avec lui-même? L'on se demande effectivement pourquoi l'auteur de la belle lettre de lord Édouard contre le suicide, se serait-il donné la mort; comment aurait-il pu employer cette étrange réfutation de ses propres arguments? Ces arguments, qui paraissent être invincibles, ne l'auraient donc pas été pour lui?

Quiconque s'est bien pénétré de la lettre sublime que je viens de citer, ne croira pas à la mort volontaire de Rousseau. Comment se fait-il donc, monsieur, que vous paraissiez y croire, vous qui rapportez dans le premier volume de votre estimable ouvrage les plus beaux passages de la lettre de lord Édouard? *Les malheureux n'avaient-ils plus besoin de lui, ne leur devait-il rien?*.

Vous assurez, et je ne sais sur quoi vous vous appuyez pour justifier cette assertion, que Jean-Jacques ne pouvait plus se dire à lui-même : *Que je fasse encore une bonne action avant que de mourir;* « qu'il ne pouvait aller chercher quelque indigent « à secourir, quelque infortuné à consoler, quel- « que opprimé à défendre; qu'il n'avait pas d'ami « puissant dont il pût rapprocher les malheureux. » Après cette citation, vous ajoutez : « Jean-Jacques « crut donc pouvoir cesser de vivre. » Cette citation, vous ne l'eussiez pas faite, ces lignes, vous ne les eussiez pas écrites, si vous étiez venu passer quelques instants à Ermenonville, et y prendre des renseignements sur le genre de vie qu'y menait Jean-Jacques; vous eussiez su qu'il ne s'écoulait pas un seul jour sans qu'il ne secourût la misère par l'aumône. Cette aumône, il l'offrait aux pauvres des environs comme à ceux du village; il donnait des avis à l'enfance, des conseils aux mères de famille, des secours aux malades; il obtenait la remise des peines sévères qui se prononçaient fréquemment alors pour de légers délits, par les justices seigneuriales; il s'occupait avec ma mère des moyens de soulager l'infortune, il lui indiquait les indigents qui avaient besoin de linge et de vêtements. Les leur faire avoir, n'était-ce pas les leur donner?

Il ne se passait pas, comme vous le voyez, un seul jour où Rousseau ne fît une bonne, et même plusieurs bonnes actions. Voulait-on obtenir des charités de ma mère, des faveurs de mon père, c'était toujours à Jean-Jacques que l'on s'adressait; il n'a jamais laissé échapper une occasion d'être utile à ses semblables. Aussi était-il vénéré, chéri, non-seulement à Ermenonville, mais dans tous les environs. Les habitants de ces mêmes environs se rendirent à Ermenonville le jour où ses dépouilles mortelles furent déposées dans l'île des peupliers; ils couvraient les coteaux qui environnent le lac. La lune dans tout son éclat étendait sa lumière pâle et douce sur cette scène de douleur. Il faisait le plus beau temps du monde, et cependant la nature était triste; elle paraissait sentir toute l'étendue de la perte qu'elle venait de faire. Les spectateurs de cette lugubre et touchante cérémonie étaient nombreux; ils conservèrent un silence religieux. Ce silence n'était interrompu que par des sanglots et par ces paroles : « Ce bon monsieur « Rousseau ! il était bien le meilleur homme du « monde ! Les malheureux ont perdu leur père ! » Parmi cette foule d'individus qu'un sentiment de reconnaissance avait amenés, beaucoup sans doute n'avaient pas été à portée d'admirer Jean-Jacques comme écrivain, mais tous avaient pu connaître son cœur et en faire l'éloge. Vous n'eussiez pas trouvé à Ermenonville, et dans les villages voisins, un seul habitant qui eût dit que Jean-Jacques s'était ôté la vie. C'est que personne n'aurait pu lui dire, *Meurs, tu n'es qu'un méchant !*

Non, monsieur ; Jean-Jacques ne s'est pas donné la mort, vous pouvez en être certain, malgré tout ce que M. de Corancez et madame de Staël ont pu écrire à ce sujet. Je veux croire qu'ils en étaient persuadés, mais je puis vous assurer qu'ils n'ont fait aucun prosélyte parmi les nombreux témoins des derniers moments de Jean-Jacques [1].

[1] La mort de Voltaire avait vivement affecté J. J. Rousseau. Comme on lui en témoignait quelque surprise à cause de leur inimitié, « C'est, répondit-il, que je sens que mon existence était attachée à la sienne : il est mort, je ne tarderai pas à le suivre !... »

PIÈCES JUSTIFICATIVES.

LETTRE

DE MADAME LA COMTESSE ALEXANDRE DE VASSY, A MADAME LA BARONNE DE STAËL, SUR LE LIVRE INTITULÉ : LETTRES SUR LES OUVRAGES ET LE CARACTÈRE DE J. J. ROUSSEAU.

Rousseau, en mourant, a laissé, madame, à ceux qui l'entouraient le souvenir de ses vertus et l'amour de sa gloire : voilà mes titres pour vous parler des lettres que vous avez écrites sur lui; cet ouvrage, fait pour être distingué, excitera vivement la curiosité du public et la satisfera. Malheur à celui qui, après la lecture de ce livre, n'éprouvera pas pour l'auteur le sentiment dont vous êtes pénétrée pour Rousseau. Mais, madame, on vous a trompée en vous disant *qu'il s'est donné la mort;* et cette erreur que vous accréditez peut avoir des conséquences si dangereuses par leur effet, si fâcheuses pour la mémoire de Rousseau, que je crois remplir un devoir sacré en me hâtant de la détruire. Un homme tel que lui appartient à l'univers, ses préceptes persuadent, ses exemples entraînent.

La mort de Rousseau est si touchante, si belle, si sublime, c'est une si grande leçon qu'un grand homme aux prises avec la douleur, recevant avec reconnaissance les soins qu'on lui rend, et voyant arriver sans effroi le moment prescrit pour sa destruction : cet exemple est si frappant pour moi, qui en ai été presque témoin, que je ne puis voir sans douleur accuser Rousseau d'une action qui était loin de son cœur, et en contradiction avec ses principes.

Non, madame, Rousseau n'a point terminé volontairement sa vie; le détail que vous rapportez des circonstances qui précédèrent ses derniers moments n'est point exact; Rousseau ne pouvait être instruit de l'infidélité de sa femme, ou du moins de la personne à laquelle il avait accordé la grace d'en porter le nom; puisque ce n'est que plus d'un an après la mort de Rousseau qu'elle a eu des torts assez graves pour ne pouvoir plus rester à Ermenonville.

Les preuves que je m'offre à vous donner, madame, sont la copie du procès verbal fait par les chirurgiens, le témoignage de mon père, celui de M. Le Bègue de Presle, ami intime de Rousseau, et qui était à Ermenonville à cette fatale époque; enfin une relation qui contient les détails les plus circonstanciés de ce malheureux événement.

Votre attachement pour la mémoire de Rousseau vous rend digne d'entendre la vérité; le mien m'impose la loi de la dire. Je ne vous demande donc point d'excuses pour une lettre que son motif justifie

J'ai l'honneur d'être, madame, votre très-humble, très-obéissante servante,

DE GIRARDIN, comtesse Alexandre DE VASSY.

COPIE LITTÉRALE

DU PROCÈS VERBAL DRESSÉ PAR LES CHIRURGIENS, APRÈS LA MORT DE ROUSSEAU.

Extrait des minutes du greffe du bailliage et vicomté d'Ermenonville.

L'an mil sept cent-soixante dix-huit, le vendredi trois juillet, heure de relevée;

Nous *Louis Blondel,* lieutenant du bailliage et vicomté d'Ermenonville, sur le réquisitoire du procureur fiscal de ce bailliage, à nous judiciairement fait, à l'instant qu'il a appris que le jour d'hier, environ les dix heures du matin, monsieur J. J. Rousseau, citoyen de Genève, âgé d'environ soixante-huit ans, demeurant en ce lieu d'Erme-nonville depuis environ six semaines, avec de-moiselle Thérèse Levasseur son épouse, est tombé dans une apoplexie céreuse; qu'il a été gardé exac-tement jusqu'à ce jour et heure, et que malgré ces soins et les secours qu'on lui a procurés, il est mort réellement: que, comme cette mort est sur-prenante, il requiert qu'il nous plaise nous trans-porter, assisté de lui procureur fiscal, et de Jean Landru, sergent en cette jurisdiction, en la de-meure dudit sieur Rousseau, étant dans un appar-tement au second, dans un pavillon du château, en entrant à main droite, pour y constater, autant qu'il sera possible, le genre de mort dudit sieur Rousseau; à l'effet de quoi il fit comparoir devant nous les personnes des sieurs GILLES-CASIMIR

Chenu, maître chirurgien demeurant en ce lieu, et Simon Bouvet, maître chirurgien demeurant à Montagny. En conséquence dudit réquisitoire, sommes transportés en la demeure dudit sieur Rousseau, accompagnés dudit procureur fiscal, dudit Landru, sergent, desdits sieurs Chenu et Bouvet; où étant avons trouvé ladite dame veuve Rousseau, et laquelle nous a montré le corps mort dudit sieur son mari; après quoi nous avons desdits sieurs Chenu et Bouvet pris et reçu le serment au cas requis et accoutumé, sous lequel ils ont juré et promis de bien et fidèlement se comporter en la visite dont il s'agit. Ce fait, lesdits sieurs Chenu et Bouvet, experts que nous nommons de notre office, ont à l'instant fait la visite du corps dudit sieur Rousseau; et après l'avoir vu et examiné dans toutes les parties de son corps, nous ont tous deux rapporté d'une commune voix que ledit sieur Rousseau est mort d'une apoplexie céreuse; ce qu'ils ont affirmé véritable, et déclaré en leur ame et conscience.

Dont, et de tout ce que dessus, nous avons fait et dressé le présent procès verbal, pour servir et valoir ce que de raison; et ont, ledit procureur fiscal, ledit Landru, lesdits sieurs Chenu et Bouvet, signé avec nous et notre greffier. Ainsi signé à la minute, G. Bimont, Landru, Chenu, Simon Bouvet, N. Harlet, et Blondel, avec paraphe.

RAPPORT

DE M. CASTERÈS, CHIRURGIEN A SENLIS, DE L'OUVERTURE DU CORPS DE JEAN-JACQUES.

Je soussigné... Casterès, lieutenant de M. le premier chirurgien à Senlis, ayant été appelé au château d'Ermenonville, ce jourd'hui trois juillet mil sept cent - soixante dix - huit, et requis de faire l'ouverture du corps de M. J. J. Rousseau, de Genève, décédé le jour précédent, audit lieu, vers onze heures du matin, après environ une heure de douleurs de dos, de poitrine et de tête; lequel avait recommandé, tant dans cette attaque que dans une précédente maladie, qu'on ouvrît son corps après sa mort pour découvrir, s'il était possible, les causes de plusieurs maux et incommodités auxquels il avait été sujet en différents temps de sa vie, et dont on n'avait pas pu assurer alors le siége ni la nature. J'ai, ledit jour, à six heures du soir, procédé à ladite ouverture et recherche, avec l'aide de mes confrères soussignés, Gilles-Casimir Chenu, chirurgien à Ermenonville, et Simon Bouvet, chirurgien à Montagny, et en présence de MM. Achille - Guillaume Le Bègue de Presle, écuyer, médecin de la Faculté de Paris, et censeur royal, et Bruslé de Villeron, médecin à Senlis. L'examen des parties externes du corps nous a fait voir un bandage qui indiquait que M. Rousseau avait deux hernies inguinales, peu considérables, dont nous parlerons ci-après. Tout le reste du corps ne présentait rien contre nature; ni taches, ni boutons, ni dartres, ni blessures, si ce n'est une légère déchirure au front, occasionée par la chute du défunt sur le carreau de sa chambre, au moment où il fut frappé de mort. L'ouverture de la poitrine nous en a fait voir les parties internes très-saines. Le volume, la consistance et la couleur, tant de leur surface que de l'intérieur, étaient très-naturels.

En procédant à l'examen des parties internes du bas-ventre, nous avons cherché avec attention à découvrir la cause des douleurs de reins et difficultés d'uriner qu'on nous a dit que M. Rousseau avait éprouvées en différents temps de sa vie, et qui se renouvelaient quelquefois lorsqu'il était long-temps dans une voiture rude. Mais nous n'avons pu trouver ni dans les reins, ni dans la vessie, les uretères et l'urètre, non plus que dans les organes et canaux séminaux, aucune partie, aucun point qui fût maladif ou contre nature. Le volume, la capacité, la consistance, la couleur de toutes les parties internes du bas-ventre étaient parfaitement saines, et n'avaient point la mauvaise odeur qu'elles exhalent d'ordinaire dans un temps aussi chaud, au bout de plus de trente heures de mort. L'estomac ne contenait que le café au lait que M. Rousseau avait pris, suivant sa coutume, pour son déjeuner, vers sept heures, avec sa femme. Les portions des intestins qui avaient formé les hernies ne portaient aucun signe qu'il y eût eu ni inflammation ni étranglement.

Ainsi, il y a lieu de croire que les douleurs dans

la région de la vessie, et les difficultés d'uriner que M. Rousseau avait éprouvées en différents temps, surtout durant la première moitié de sa vie, venaient d'un état spasmodique des parties voisines du col de la vessie, ou du col même, ou d'une augmentation de volume de la prostase; maux qui se sont dissipés en même temps que le corps se sera affaibli et maigri en vieillissant.

Quant aux coliques auxquelles M. Rousseau a été sujet depuis environ l'âge de cinquante ans, et qui n'étaient ni fort longues, ni très-vives, elles dépendaient, selon toute apparence, des hernies inguinales.

L'ouverture de la tête, et l'examen des parties renfermées dans le crâne, nous ont fait voir une quantité très-considérable (plus de huit pouces) de sérosité épanchée entre la substance du cerveau et les membranes qui la recouvrent.

Ne peut-on pas, avec beaucoup de vraisemblance, attribuer la mort de M. Rousseau à la pression de cette sérosité, à son infiltration dans les enveloppes, ou à la substance de tout le système nerveux? Du moins il est certain que l'on n'a point trouvé d'autre cause apparente de mort dans le cadavre d'un grand nombre de sujets péris aussi promptement. Ce qui tend à prouver que la cause de mort a attaqué l'origine des nerfs, ou les parties principales du système nerveux, c'est que M. Rousseau ne s'est plaint, durant la dernière heure de sa vie, que d'un fourmillement et picotement très-incommode à la plante des pieds; ensuite d'une sensation de froid, et d'é-

coulement de liqueur froide, le long de l'épine du
dos, puis de douleurs vives à la poitrine; enfin de
douleurs vives, lancinantes et déchirantes, dans l'intérieur de la tête.

Ce 3 juillet, mil sept cent-soixante-dix-huit.
Signé à la minute : LE BÈGUE DE PRESLE, CASTERÈS,
lieutenant; BRUSLÉ DE VILLERON, d. m.

Plus bas est écrit: Contrôlé à Dammartin, ce
deux janvier 1779, par Ganneron, qui a reçu qua-
torze sols. *Signé* GANNERON, avec paraphe.

PROCÈS VERBAL

DE L'INHUMATION DU CORPS DE J. J. ROUSSEAU.

Le samedi suivant, 4 dudit mois et an, le corps
de J. J. Rousseau, embaumé, et enfermé dans un
cercueil de plomb, a été inhumé, à onze heures
du soir, en ce lieu d'Ermenonville, dans l'enceinte
du parc, sur l'île des Peupliers, au mileu de la pièce
d'eau appelée le petit Lac, et située au midi du château, sous une tombe décorée et élevée d'environ
six pieds.

Les honneurs funèbres lui ont été rendus par
René-Louis de Girardin, chevalier vicomte d'Ermenonville, mestre-de-camp de dragons, chevalier de
l'ordre royal et militaire de Saint-Louis, dans le
château duquel l'amitié l'avait conduit et fait établir sa demeure; et en présence des amis du défunt, qui ont signé le présent acte d'inhumation.
Savoir: ACHILLE-GUILLAUME LE BÈGUE DE PRESLE,
écuyer, docteur en médecine, censeur royal; JEAN
ROMILLY, citoyen de Genève; GUILLAUME-OLIVIER

DE CORANCEZ, avocat au parlement, et GERMAIN BI-
MOND, procureur-fiscal. Signé à la minute, R. L. GI-
RARDIN, OLIVIER DE CORANCEZ, ROMILLY, LE BÈGUE
DE PRESLE, G. BIMOND, et N. HARLET, greffier.

ACTE DE DÉPOT

DU RAPPORT DE M. CASTERÈS, LIEUTENANT DU PREMIER CHIRURGIEN DE SENLIS.

Aujourd'hui, deux janvier mil sept cent-soixante
dix-neuf, dix heures du matin, pardevant nous
Louis Blondel, lieutenant du bailliage et vicomté
d'Ermenonville :

Est comparu le procureur-fiscal de ce bailliage
et vicomté d'Ermenonville, lequel a apporté, mis
et déposé ès-mains de notre greffier, un procès
verbal fait le trois juillet mil sept cent-soixante-dix-
huit, contrôlé à Dammartin, cejourd'hui, par Ganneron, par le sieur Casterès, lieutenant de M. le
premier chirurgien à Senlis, et en présence de maître
Achille-Guillaume Le Bègue de Presle, écuyer-
médecin de la Faculté de Paris, et censeur royal,
et de maître Bruslé de Villeron, médecin audit Senlis, de l'ouverture du corps de M. J. J. Rousseau, citoyen de Genève, décédé en ce lieu d'Ermenonville,
le deux juillet dernier, pour être joint et annexé au
procès verbal qui constate le genre de mort dudit
sieur Rousseau, du trois dudit mois de juillet dernier, et servir et valoir ce que de raison; ledit
procès verbal étant sur une feuille de papier à lettre,
écrit sur trois pages, et sept lignes et demie sur la
quatrième : la première page commençant par le

mot « Je soussigné » et finissant par les mots « frappé
de mort ; » et la quatrième commençant par le mot
« l'origine » et finissant par la date « ce trois juillet
mil sept cent soixante-dix-huit. »

Signé au bas dudit acte de dépôt : LE BÈGUE DE
PRESLE, CASTERÈS, lieutenant, et BRUSLÉ DE VILLE-
RON, d. m.

Et a en outre, ledit procureur-fiscal et notre
greffier, signé avec nous. Ainsi signé à la minute :
G. BIMONT, N. HARLET, et BLONDEL, avec paraphe.

Fait, expédié et délivré par moi greffier du bailliage et vicomté d'Ermenonville, soussigné, et con-
forme à la minute, ce deux janvier mil sept cent-
soixante-dix-neuf.   *Signé* N. HARLET.

Scellé.

EXTRAIT

D'UNE NOTICE SUR LES DERNIERS JOURS DE J. J. ROUSSEAU,
PAR SON AMI M. LE BÈGUE DE PRESLE, ET IMPRIMÉE A
PARIS EN 1778.

« M. Rousseau, pendant son séjour à Erme-
« nonville, passait une grande partie de la journée
« à la recherche des plantes, et aux soins qu'elles
« exigent pour être mises en herbier.

« Le 26 juin 1778, dit M. de Presle, il me de-
« manda de lui envoyer des papiers pour continuer
« son herbier, et de lui apporter dans le mois de
« septembre, des livres de voyages pour amuser sa
« femme et sa servante, pendant les longues soirées
« d'hiver ; et de lui apporter aussi plusieurs ouvrages
« de botanique sur les chiendents, les champignons

« et les mousses. Il m'annonça même qu'il pourrait
« se remettre à quelques ouvrages commencés, tels
« que l'opéra de *Daphnis* et de la suite d'*Émile*.

« Tous ces projets démontrent assez que M. Rous-
« seau jouissait encore, dans les derniers jours de
« juin, peu de temps avant sa mort, de la santé et
« de la tranquillité nécessaires pour les former et
« les goûter, et qu'il avait l'espérance de vivre en-
« core quelques années dans sa retraite.

« Le suicide, ajoute M. de Presle, était contre
« les principes de Rousseau, et je me suis assuré,
« par l'examen le plus scrupuleux de toutes les cir-
« constances qui ont accompagné, précédé ou suivi
« sa mort, qu'elle a été naturelle et non provoquée. »

L'on trouve, dans une addition faite par M. Ma-
gellan, savant Portugais, à la notice de M. de Presle,
le portrait suivant de Jean-Jacques, fait dans le
mois de juin 1778 :

« Rousseau n'avait rien dans sa physionomie qui
« l'annonçât, si ce n'est la vivacité de ses yeux. Son
« air simple et modeste, sans afficher aucune pré-
« tention, ni laisser échapper aucun signe de l'élé-
« vation de son esprit, ne l'aurait jamais fait prendre
« pour ce qu'il était. La tranquillité de son ame et
« le contentement de son cœur se produisaient
« sur son visage et dans ses discours ; il entrait sans
« difficulté dans les sujets et les propos les plus in-
« différents de la conversation : lorsque l'on s'adres-
« sait à lui, ou que son tour venait pour la soute-
« nir, il s'exprimait avec une naïveté charmante
« qui annonçait la candeur de son ame. Il avait ce-

« pendant de temps en temps des expressions qui
« décelaient un Rousseau. C'était un laconisme éner-
« gique et plein de sentiment. Il m'échappa de dire
« devant lui, je ne sais à quel propos, que les
« hommes étaient méchants. *Les hommes, oui,* ré-
« pliqua M. Rousseau, *mais l'homme est bon.* »

LETTRE A SOPHIE, COMTESSE DE ***, PAR RENÉ GIRARDIN, SUR LES
DERNIERS MOMENTS DE J. J. ROUSSEAU, DATÉE D'ERMENON-
VILLE, LE   JUILLET 1778.

« La plus grande consolation, madame, de ceux
« qui restent est de parler de ceux qui sont partis.
« La seule manière de faire quelquefois illusion à
« la douleur de leur perte, c'est de se retracer le
« charme de leur existence ; c'est en quelque sorte
« leur rendre la parole que de se rappeler leurs
« discours ; c'est leur rendre le mouvement que de
« se représenter leurs actions ; et c'est ainsi que le
« sentiment est le feu créateur qui donne la vie
« aux objets inanimés, et qui peut la rendre à la
« mort même.

« Je crois, madame, vous avoir dit, dans ma der-
« nière lettre, avec quel tendre épanchement de
« cœur le plus sensible des hommes avait reçu la
« proposition de se retirer à Ermenonville, et qu'il
« s'y était rendu d'autant plus volontiers qu'il lui
« avait été impossible de se méprendre sur le sen-
« timent qui l'avait dicté. Nous partîmes donc sur-
« le-champ pour lui faire arranger un petit appar-
« tement, sous un toit de chaume, situé au milieu

« d'un ancien verger. Cette habitation champêtre
« semblait lui appartenir de droit, puisqu'ayant été
« entièrement disposée suivant la description de l'É-
« lysée de Clarens, il en était le créateur ; mais,
« quelque diligence qu'on pût apporter au petit
« arrangement intérieur qui lui convenait, l'impa-
« tience de son cœur fut encore plus prompte que
« la main des ouvriers. Sa poitrine, oppressée de-
« puis si long-temps, avait un si grand besoin de
« respirer l'air pur de la campagne, que, peu de
« jours après notre départ, il vint nous trouver
« avec un de ses amis et des miens. Sitôt qu'il se vit
« dans la forêt qui descend jusques au pied de la
« maison, sa joie fut si grande qu'il ne fut plus pos-
« sible à son ami de le retenir en voiture. « *Non*,
« dit-il, *il y a si long-temps que je n'ai pu voir un*
« *arbre qui ne fût couvert de fumée ou de poussière!*
« *ceux-ci sont si frais! Laissez-moi m'en approcher*
« *le plus que je pourrai; je voudrais n'en pas perdre*
« *un seul.* » Il fit près d'une lieue à pied de cette.
« manière. Sitôt que je le vis arriver, je courus à
« lui. « *Ah! monsieur*, s'écria-t-il en se jetant à mon
« col, *il y a long-temps que mon cœur me faisait dé-*
« *sirer de venir ici, et mes yeux me font désirer ac-*
« *tuellement d'y rester toute ma vie.* » Et surtout, lui
« dis-je, s'ils peuvent lire jusques dans le fond de
« nos ames. Bientôt ma femme arriva, au milieu de
« tous mes enfants; le sentiment les groupait au-
« tour de cette douce et tendre mère d'une ma-
« nière plus heureuse et plus touchante que n'au-
« rait pu le faire le plus habile peintre : à cette

« vue il ne put retenir ses larmes. « *Ah! madame,*
« dit-il, *que pourrais-je vous dire? vous voyez mes*
« *larmes; ce sont les seules de joie que j'aie versées*
« *depuis bien long-temps, et je sens qu'elles me rap-*
« *pellent à la vie.* » Il avait laissé sa femme à Paris;
« elle s'y était chargée de tous les soins du déména-
« gement, afin de lui en épargner le tourment et
« l'agitation; car plus il était capable de s'occuper
« de grandes choses, moins il l'était de s'occuper
« de petites. Il eût mille fois mieux gouverné un
« grand royaume que ses propres affaires, et il eût
« plus aisément dicté des lois à l'univers que des
« clauses et des articles à un procureur ou à un no-
« taire.

« En attendant que sa chaumière fût arrangée, il
« se détermina à s'établir dans un petit pavillon
« séparé du château par des arbres, et manda à sa
« femme de venir le trouver le plus tôt qu'elle pour-
« rait; car elle lui était devenue si nécessaire qu'il
« n'aurait jamais pu en supporter la perte, et n'en
« pouvait pas soutenir l'absence.

« Si vous eussiez vu la joie de cet homme si
« tendre, lorsqu'il l'entendit arriver! Nous étions
« à table, nous nous levâmes, afin qu'il pût se le-
« ver lui-même en toute liberté : il courut au-de-
« vant d'elle, et l'embrassa avec la plus grande ef-
« fusion de tendresse et de larmes.

« Les sentiments de cet homme extraordinaire
« étaient exaltés en tout point fort au-delà de ceux
« des hommes ordinaires. Il aimait le genre humain
« comme ses amis; ses amis comme sa femme; sa

« femme comme sa maîtresse. De sorte que, si le
« moindre sentiment chez lui était un amour, il
« n'est pas étonnant que le moindre soupçon de
« haine ou de trahison fût pour lui le même sup-
« plice que la jalousie pour un amant.

« Dès qu'il se vit en pleine possession de la li-
« berté et de la campagne, après laquelle il sou-
« pirait depuis si long-temps, sa passion pour la
« contemplation de la nature se ralluma de telle
« manière, qu'il s'y livra avec des transports qui
« ressemblaient à de l'ivresse. Aussitôt que les pe-
« tits oiseaux, qu'il attirait sur sa fenêtre avec un
« soin paternel, venaient y saluer la naissance du
« jour, il se levait pour aller faire sa prière au le-
« ver du soleil. C'est à ce spectacle solennel, dont
« les fumées épaisses de Paris l'avaient si long-temps
« privé, qu'il allait tous les matins exalter son ame.
« Il ramassait ensuite quelques plantes qu'il venait
« soigneusement rapporter à ses chers oiseaux, qu'il
« appelait ses musiciens, et venait déjeuner avec sa
« femme : ensuite il repartait pour des prome-
« nades plus éloignées. Ce qui l'enchantait le plus
« était de pouvoir errer au gré de la nature, de sa
« fantaisie, et quelquefois du hasard. Tantôt il se
« promenait dans les plaines fertiles, tantôt dans
« les prairies parées de mille fleurs, dont chacune
« avait pour lui son mérite; tantôt il montait sur
« les coteaux ou parcourait les pâturages ombragés
« d'arbres fruitiers. Le plus souvent, et surtout dans
« les ardeurs du jour, il s'enfonçait dans la profon-
« deur de la forêt; d'autrefois il se promenait en

« rêvant sur le bord des eaux, ou bien gravissait
« sur les montagnes couvertes de bois et qui do-
« minent le village. Le pays le plus sauvage avait
« pour lui des charmes d'autant plus intéressants·
« qu'il y retrouvait mieux la touche originale et
« franche de la nature. Les rochers, les sapins, les
« genévriers tortueux y rappelaient de plus près à
« sa féconde imagination les situations *romantiques*
« du pays bien-aimé de son enfance, et lui remet-
« taient sous les yeux les heureux rivages de *Vevai*,
« et les rochers amoureux de *Meillerie*. Un jour il
« découvrit, dans un lieu que nous appelons *le mo-*
« *nument des anciennes amours*, une cabane prati-
« quée dans le roc, avec quelques inscriptions gra-
« vées sur des rochers qui s'avancent jusque sur
« le bord d'un lac dont la situation a quelque res-
« semblance avec celle du lac de Genève ; je vis
« tout-à-coup ses yeux se mouiller de larmes, tant
« son cœur éprouvait d'émotion en ce moment à
« se retracer le souvenir des délices de son pays, et
« le bonheur pur de sa jeunesse. Il fut long-temps
« sans pouvoir retrouver de lui-même cet endroit,
« parce qu'il l'avait bien plus senti que remarqué.
« En général, il était toujours trop occupé de son-
« ger à autre chose pour penser à son chemin ; il
« ne voyait que des fleurs, des bois, des prés et des
« eaux, et oubliait tous les points de la boussole,
« toutes les heures, et jusqu'à celle de son dîner.
« Le plus souvent sa femme était obligée de le cher-
« cher, de l'appeler de tous côtés ; mais il prenait
« tant de plaisir à s'égarer que c'eût été une véri-

« table cruauté de l'en priver à force de soins im-
« portuns. Tous les jours, après son dîner, il venait
« dans ce petit verger, semblable à celui de Clarens,
« au milieu duquel est la chaumière qu'on arran-
« geait pour lui. Là il s'asseyait sur un banc de
« mousse, pour y donner aux poissons et aux oi-
« seaux ce qu'il appelait *le dîner de ses hôtes.* La
« première fois qu'il entra avec moi dans ce ver-
« ger, et qu'il y vit des arbres antiques couverts de
« mousse et de lierre, et formant des guirlandes au-
« dessus des gazons, des fleurs et des eaux qui s'é-
« tendent sous ces ombrages rustiques : *Ah! quelle*
« *magie,* me dit-il, *dans tous ces vieux troncs en-*
« *tr'ouverts et bizarres que l'on ne manquerait pas*
« *d'abattre ailleurs ; et cependant comme cela parle*
« *au cœur, sans qu'on sache pourquoi! Ah! je le*
« *vois, et je le sens jusqu'au fond de mon ame, je*
« *trouve ici les jardins de ma Julie!* — Vous n'y se-
« rez pas, lui répondis-je, avec elle, ni avec Wol-
« mar, mais pour en être plus tranquille vous n'en
« serez pas moins heureux. Il me serra la main ;
« tout fut dit, tout fut entendu. Dès-lors il fut chez
« lui partout, et il y fut plus le maître que je ne l'é-
« tais chez moi ; car il pouvait être seul tant qu'il le
« voulait. Ce verger, où personne n'entrait que lui
« et nous, était notre point de réunion tous les
« jours après-dîner. Lorsqu'il m'était impossible de
« m'y rendre je lui envoyais le plus jeune de mes
« enfants, qu'il avait pris dans une grande affec-
« tion, et qu'il appelait son *gouverneur* : il allait
« alors se promener avec lui, lui faisait remarquer

« et lui apprenait à connaître tout ce qu'il voyait.
« De son côté le petit bonhomme, plus souple et
« plus alerte que lui, lui servait à ramasser toutes
« les plantes qu'il avait envie de cueillir. Ordinai-
« rement il venait nous retrouver le soir, lorsque
« nous nous promenions sur l'eau, et il se plaisait
« tellement à ramer, que nous l'appelions notre *ami-*
« *ral d'eau douce.* Dans le calme de la soirée, où la
« musique champêtre a tant de charmes, il aimait
« à entendre, sous les arbres voisins des rivières,
« le son de nos clarinettes. Cette mélodie, bien plus
« touchante encore lorsqu'elle est placée sur le
« théâtre même de la nature, lui rendit bientôt le
« goût de la musique, à laquelle le tintamare actuelle-
« ment à la mode l'avait fait renoncer. Déjà il avait
« composé quelques airs pour nos petits concerts
« de famille, et il avait repris la résolution d'ache-
« ver cet hiver différents morceaux de sa musique :
« musique charmante qui, dictée comme tous ses
« autres ouvrages par le sentiment même, est en-
« core plus faite pour le cœur que pour l'oreille, et
« doit être chantée bien plus avec l'ame qu'avec la
« voix. Ma fille aînée, qui jusque-là n'avait vu dans
« la musique qu'un art difficile, hérissé de cro-
« ches et de mots barbares, voyant, lorsqu'il chan-
« tait la sienne sans voix et pourtant de la ma-
« nière la plus touchante, que la musique pouvait
« effectivement devenir d'autant plus intéressante
« qu'on y mettait moins de mots et plus d'idées,
« plus de goût et moins de bruit, parut désirer alors
« d'apprendre à chanter ; il s'offrit de lui-même pour

« lui enseigner son secret, qui consistait, disait-il,
« à bien comprendre la langue de la musique, et
« surtout à ne pas plus forcer sa voix en chantant
« qu'en parlant, parce que le moyen le plus sûr
« pour se faire écouter, c'est de parler bas et de
« parler bien. Je ne reçus point d'abord cette offre,
« dans la crainte de la peine que cela devait lui
« donner; mais il insista de manière qu'il me devint
« impossible de m'y opposer; *trop heureux*, s'é-
« cria-t-il avec transport, *de trouver enfin une occa-
« sion de témoigner sa reconnaissance.*

« Faire tous les jours à peu près la même chose,
« ne mesurer le temps que par une succession
« d'heures heureuses et non diversifiées, n'avoir
« que des amusements doux, sans aucune de ces
« secousses que donnent les grandes peines ou les
« grands plaisirs, aurait pu paraître un genre de
« vie trop monotone pour des cœurs vides et des
« imaginations froides, incapables de sentir le vrai
« bonheur; mais un solitaire tel que lui, dont le
« cœur était en paix, l'ame pure; dont le mouve-
« ment venait bien moins du dehors que du de-
« dans; dont le repos ne consistait pas à ne rien
« faire, mais à n'avoir rien à faire, il n'était besoin
« que du moindre concours des beautés de la na-
« ture pour exciter, exalter son génie, pour le
« transporter sur les ailes de l'imagination au-delà
« même de notre atmosphère, et lui faire trouver
« dans la beauté de ce qu'il voyait la perfection de
« ce qu'il imaginait. C'est parce qu'il écrivait de
« grandes choses, qu'il lui fallait de grandes im-

« pressions. Tout concourait ici à exciter en lui le
« besoin de se communiquer ses idées. S'il eût seu-
« lement vécu dix ans de plus, l'univers eût sans
« doute hérité d'une bien riche succession, mais
« il n'aurait jamais rien publié de son vivant, car
« il s'était fait, avec raison, un principe invariable
« de ne plus se remettre sur la scène du monde;
« et son désir était qu'on pût l'oublier et le laisser
« en paix. C'était assurément un désir bien mo-
« deste et bien simple; et cependant, par un effet
« de cette cruelle fatalité qui s'attache à la célé-
« brité, ou plutôt par une suite de cette vile per-
« sécution à laquelle s'étaient acharnés tous les
« partis, contre un homme qui n'avait jamais voulu
« être d'aucun, et qui était au-dessus de tous, à peine
« était-il arrivé ici, que toutes sortes de bruits ab-
« surdes se répandaient à Paris. J'appris qu'on y
« débitait de toutes parts que les mémoires de sa
« vie paraissaient. Craignant alors qu'il ne les eût
« remis à quelqu'un d'assez infame pour trahir la
« confiance de l'amitié, je fus alarmé du chagrin
« que pourrait lui causer cette nouvelle, surtout
« s'il venait à l'apprendre de quelque bouche in-
« discrète, peu accoutumée à ménager la sensibi-
« lité; c'est pourquoi je me déterminai à lui en
« parler moi-même le premier; mais il ne me pa-
« rut point du tout affecté de cette nouvelle; il
« me dit que s'il eût été assez heureux pour
« pouvoir passer dans l'obscurité et dans la paix
« le reste de sa vie, comme il en avait passé les
« commencements, et que si la seconde partie de

« ses jours, depuis que les circonstances l'avaient
« jeté dans Paris, et que la funeste passion d'é-
« crire l'avait environné de tourments de toute es-
« pèce, ne lui eût pas fait une malheureuse obli-
« gation de justifier, dans le cas où il passerait à la
« postérité, un nom qu'on avait cherché à noircir
« pendant sa vie, il n'eût jamais songé à en écrire
« l'histoire; mais qu'étant sans cesse accusé, sans
« savoir de quoi, ni par qui, il avait été forcé de
« laisser une pièce authentique dans laquelle la
« postérité pourrait lire jusqu'au fond de son
« ame, et le juger du moins en connaissance dé-
« cause, sur ce qu'il pouvait avoir eu de bon et de
« mauvais; que pour cet effet ayant été nécessai-
« rement obligé, dans la relation véridique des faits,
« en parlant de lui sans aucune réserve, de par-
« ler également de plusieurs personnes suivant le
« rapport qu'elles avaient eu avec lui, son inten-
« tion était qu'en tout état de cause ses mémoires
« ne parussent jamais que long-temps après sa
« mort et celle de toutes les personnes intéressées ;
« et que pour s'assurer que cette intention fût
« exactement remplie, il avait remis l'unique exem-
« plaire de son écrit en pays étranger, dans des
« mains sur lesquelles il croyait devoir compter;
« que par conséquent l'ouvrage dont on parlait à
« Paris, ou n'existait pas, ou n'était pas de lui;
« ce qui ne manquerait pas d'être reconnu dans
« un autre temps. Cette extrême tranquillité de
« sa part m'eût étonné, mais il était rendu à lui-
« même; son caractère naturel était la gaieté, l'hu-

« manité et la tendresse; il fallait que l'orage fût
« tout près de lui, lorsqu'il parvenait à boulever-
« ser son ame; mais lorsqu'il se retrouvait avec
« de bonnes gens, il reprenait toute sa bonhomie
« naturelle; point philosophe, bon homme, *point*
« *d'esprit tout-à-l'heure.* Ici il n'était occupé du
« matin jusqu'au soir que d'amusements doux; il
« ne recevait aucunes lettres, n'avait aucune af-
« faire; son unique exercice était de ramasser des
« fleurs, de rêver dans les bocages, de voguer
« sur les eaux, d'errer dans les bois; il savourait
« tout à loisir sa chère nature, qu'il adorait; s'il
« n'était pas aimé par une seule personne autant
« qu'il aurait voulu l'être, parce que chacun de
« nous avait d'autres liens, il l'était par tous en-
« semble autant qu'il méritait, et par aucun comme
« il n'eût pas voulu l'être; il avait de sa liberté
« plénière un sûr garant, c'est que nous le dési-
« rions toujours et ne le cherchions jamais, parce
« que c'était pour nous un plaisir de le voir. C'é-
« tait uniquement pour lui seul que nous l'aimions.
« C'était l'excellence de son cœur qui s'était toujours
« fait sentir à moi dans ses écrits, comme dans ses
« discours, qui avait entraîné le mien vers lui,
« par une attraction toute puissante. Si le souvenir
« amer de l'injustice des hommes ne lui permettait
« pas de compter sur un bonheur permanent, du
« moins je suis assuré qu'il jouissait du loisir, et
« commençait à retrouver le repos de jour en jour;
« sa physionomie se déridait, il revenait sensible-
« ment à lui-même, à son état naturel, qui était

« d'aimer tout le monde et de chercher à répandre
« sans cesse son cœur autour de lui par des actes
« de bienfaisance et de charité ; il avait déjà si
« bien repris sa gaieté, franche et naïve comme
« celle de l'enfance, que souvent sur le grand
« banc de gazon du verger, il nous faisait tous
« rire, petits et grands, par ses *contes à la suisse.*
« S'il était content du calme qu'il commençait à
« retrouver, nous l'étions réciproquement de sa
« tranquillité ; il l'avait payée de peines si poi-
« gnantes, d'atteintes si aiguës, qu'il eût été bien
« juste qu'il eût pu jouir plus long-temps de ce
« faible dédommagement de toutes les cruelles
« tortures qu'on avait eu la barbarie de faire es-
« suyer à cet homme trop sensible ! Mais hélas ! ma-
« dame, faut-il donc que le bonheur ne soit dans
« la vie que le rêve de quelques instants, et qu'il
« n'y ait que le malheur de réel et de durable ! Que
« ne puis-je m'arrêter ici, en ne vous parlant que
« de ce qu'il était ! La tâche que vous m'avez im-
« posée n'eût été qu'une consolation ; mais hélas !
« il faut que je vous dise à présent comment il
« n'est plus ; et c'est ici que commence véritable-
« ment la peine que j'éprouve à satisfaire votre
« curiosité.

« Le mercredi 1er juillet il se promena l'après-
« dîner, comme de coutume, avec son petit gou-
« verneur ; il faisait fort chaud ; il s'arrêta plu-
« sieurs fois pour se reposer, ce qui ne lui était pas
« ordinaire, et se plaignit, à ce que l'enfant nous
« a dit depuis, de quelques douleurs de colique,

« mais elles s'étaient dissipées lorsqu'il revint sou-
« per, et sa femme n'imagina même pas qu'il fût in-
« commodé. Le lendemain matin, il se leva comme à
« son ordinaire, alla se promener au soleil levant,
« autour de la maison, et revint prendre son café au
« lait avec sa femme : quelque temps après, au mo-
« ment où elle sortait journellement pour les soins
« du ménage, il lui recommanda de payer en pas-
« sant un serrurier qui venait de travailler pour
« lui, et surtout de ne lui rien rabattre sur son mé-
« moire, parce que cet ouvrier paraissait un hon-
« nête homme : tant il a conservé jusqu'au dernier
« instant le sentiment de l'ordre et de la justice ! A
« peine sa femme avait-elle été dehors pendant quel-
« ques instants, que, venant à rentrer, elle trouve
« son mari sur une grande chaise de paille, le coude
« appuyé sur une commode. Qu'avez-vous, dit-elle,
« mon bon ami, vous trouvez-vous incommodé ? —
« Je sens, répondit-il, de grandes anxiétés, et des
« douleurs de colique. Alors sa femme, afin d'avoir
« du secours sans l'inquiéter, feignit de chercher
« quelque chose, et pria le concierge d'aller dire au
« château que son mari se trouvait mal. Ma femme,
« avertie la première, y courut aussitôt ; et comme
« il n'était pas neuf heures du matin, et que ce n'é-
« tait point une heure à laquelle on eût coutume
« d'y aller, elle prit le prétexte de lui demander,
« ainsi qu'à sa femme, si leur repos n'avait point
« été troublé par le bruit que l'on avait fait la nuit
« dans le village. Ah ! madame, lui répondit-il du ton
« le plus honnête et le plus attendri, je suis bien

« sensible à toutes vos bontés, mais vous voyez
« que je souffre, et c'est une gêne ajoutée à la
« douleur, que celle de souffrir devant le monde;
« vous-même, vous n'êtes ni d'une assez bonne
« santé, ni d'un caractère à pouvoir supporter la
« vue de la souffrance. Vous m'obligerez, madame,
« et pour vous et pour moi, si vous voulez vous
« retirer et me laisser avec ma femme pendant
« quelque temps. Elle se retira presque aussitôt.
« Dès qu'il fut seul avec sa femme, il lui dit de ve-
« nir s'asseoir à côté de lui : « Vous êtes obéi, lui
« dit-elle, mon bon ami; me voilà : comment vous
« trouvez-vous? — Mes douleurs de colique sont
« bien vives; mais je vous prie, ma chère amie,
« d'ouvrir les fenêtres, que je voie encore une fois
« la verdure. Comme elle est belle! — Mon bon
« ami, lui dit sa pauvre femme, pourquoi me dites-
« vous cela? — Ma chère femme, lui répondit-il avec
« une grande tranquillité, j'ai toujours demandé
« à Dieu de mourir sans maladie et sans médecin,
« et que vous puissiez me fermer les yeux. Mes vœux
« vont être exaucés. Si je vous donnai des peines,
« si, en vous attachant à mon sort, je vous ai causé
« des malheurs que vous n'auriez jamais connus
« sans moi, je vous en demande pardon. — Ah!
« c'est à moi, mon bon ami, s'écria-t-elle en pleu-
« rant, c'est bien plutôt à moi de vous demander
« pardon de toutes les inquiétudes et les embarras
« que je vous ai causés; mais pourquoi donc me
« dites-vous tout cela? — Écoutez-moi, lui dit-il,
« ma chère femme, je sens que je me meurs, mais

« je meurs tranquille ; je n'ai jamais voulu de mal
« à personne et je dois compter sur la miséricorde
« de Dieu. Mes amis m'ont promis de ne jamais
« disposer, sans votre aveu, d'aucun des papiers
« que je leur ai remis. M. de Girardin voudra bien
« réclamer leur parole : vous remercierez M. et ma-
« dame de Girardin de ma part. Je vous laisse entre
« leurs mains, et je compte assez sur leur amitié
« pour emporter avec moi la douce certitude qu'ils
« voudront bien vous servir de père et de mère.
« Dites-leur que je les prie de permettre que je sois
« enterré dans leur jardin. Vous donnerez mon *sou-*
« *venir* à mon petit gouverneur ; vous donnerez
« aux pauvres du village, pour qu'ils prient pour
« moi, et à ces bonnes gens dont j'avais arrangé
« le mariage, le présent de noces que je comptais
« leur faire. Je vous charge en outre expressément
« de faire ouvrir mon corps, après ma mort, par
« des gens de l'art, et d'en faire dresser un procès
« verbal.

« Cependant ses douleurs augmentaient, il se
« plaignait de picotements aigus dans la poitrine,
« et de violentes secousses dans la tête. Sa malheu-
« reuse femme se désolait de plus en plus. Ce fut
« alors que, voyant son désespoir, il oublia ses
« propres souffrances pour ne s'occuper que de
« la consoler. Eh ! quoi, lui dit-il, ma chère amie,
« vous ne m'aimez donc plus, puisque vous pleu-
« rez mon bonheur ? Bonheur éternel, qu'il ne
« sera plus au pouvoir des hommes de troubler !
« Voyez comme le ciel est pur, en le lui montrant

« avec un transport qui rassemblait toute l'énergie
« de son ame ; il n'y a pas un seul nuage, ne voyez-
« vous pas que la porte m'en est ouverte, et que
« Dieu m'attend ? . . . . .

   « A ces mots, il est tombé sur la tête en entraî-
« nant sa femme avec lui : elle veut le relever, elle
« le trouve sans parole et sans mouvement ; elle
« jette des cris ; on accourt, on le relève, on le met
« sur son lit ; je m'approche, je lui prends la main ;
« je lui trouve un reste de chaleur, je crois sentir
« une espèce de mouvement. La rapidité de ce cruel
« événement qui s'était passé dans moins d'un quart
« d'heure me laisse encore une lueur d'espérance ;
« j'envoie chez le chirurgien voisin ; j'envoie à
« Paris chez un médecin de ses amis pour l'ame-
« ner sur-le-champ ; je me hâte d'aller chercher de
« l'alkali-fluor ; je lui en fais respirer, avaler à dif-
« férentes reprises : soins superflus ! Hélas ! cette
« mort si douce pour lui, et si fatale pour nous,
« cette perte irréparable était déjà consommée ; et
« si son exemple m'a appris à mourir, il ne m'a
« pas appris à me consoler de sa mort. J'ai voulu
« du moins conserver à la postérité les traits de
« cet homme immortel. M. Houdon, fameux sculp-
« teur, que j'ai envoyé avertir, est venu promp-
-« tement mouler l'empreinte de son buste ; et j'es-
« père qu'il sera ressemblant, car pendant deux
« jours qu'il est resté sur son lit, son visage a
« toujours conservé toute la sérénité de son ame ;
« on eût dit qu'il ne faisait que dormir en paix, du
« sommeil de l'homme juste. Sa malheureuse femme

« ne cessait de l'embrasser comme s'il eût été en-
« core vivant, sans qu'il fût possible de lui arracher
« cette douloureuse et dernière consolation. Ce
« n'est que le lendemain au soir que son corps,
« ainsi qu'il l'avait exigé, a été ouvert en présence
« de deux médecins et de trois chirurgiens. Le pro-
« cès verbal qui en a été fait atteste que toutes
« les parties en étaient parfaitement saines, et que
« l'on n'a trouvé d'autre cause de sa mort, qu'un
« épanchement de sérosité sanguinolente sur le
« cerveau : tant la mort peut frapper promptement
« la tête même la plus sublime ! . . . .

« Je l'ai fait embaumer et renfermer dans un
« cercueil, du bois le plus dur, recouvert de plomb
« en dedans et en dehors, avec plusieurs médailles
« qui contiennent son nom et la date de son âge
« et de sa mort. J'ai prié un Génevois de ses amis
« de venir ici, afin que toutes les formes géne-
« voises puissent être observées exactement, et le
« samedi 4 juillet, nous l'avons porté dans l'île des
« Peupliers, où on lui a érigé sur-le-champ un
« tombeau avec cette inscription que j'ai osé y
« mettre, comme étant dictée par le premier mou-
« vement de mon cœur.

> « Ici, sous ces ombres paisibles,
> « Pour les restes mortels de *Jean-Jacques Rousseau*,
> « L'amitié posa ce tombeau :
> « Mais c'est dans tous les cœurs sensibles
> « Que cet homme divin, qui fut tout sentiment,
> « Doit trouver de son cœur l'éternel monument. »

« Cette île m'a paru être la situation la plus
« convenable à cette honorable destination. C'est

« une espèce de sanctuaire, qui semble formé par
« la nature même, pour recevoir son favori. Le
« sol est couvert de gazon ; il n'y a pour arbres que
« des peupliers dont les pieds sont garnis de fleurs.
« L'eau qui s'étend autour de l'île est calme et
« transparente, et le vent semble craindre d'en
« troubler la tranquillité. Cette espèce d'enceinte
« religieuse autour de ce dépôt sacré répand dans
« cet asile un mystère qui dispose à une tendre
« mélancolie. C'est là que tous ceux qui l'aimaient,
« c'est là que sa malheureuse femme qui a tout
« perdu en lui, parce qu'il était l'univers pour
« elle, va tous les jours soulager sa douleur ; en
« voyant le lieu où il est, la malheureuse croit le
« voir encore ; elle croit que son ame vient con-
« verser avec elle. Vous savez, madame, que c'était
« le sentiment de sa Julie mourante et par consé-
« quent le sien, que les ames dégagées d'un corps
« qui vient d'habiter la terre, peuvent y revenir
« encore errer et demeurer peut-être autour de ce
« qui leur est cher, et, par une communication in-
« térieure, semblable à celle de Dieu, pénétrer
« jusque dans leurs pensées. Et en effet, il semble
« que cette ame dont le dernier soupir fut celui
« de la bienfaisance et de l'amour, erre encore au-
« tour de ces ombrages épais pour s'y confondre
« dans l'ame de tous ceux qui viennent y rêver à
« la tendresse et à l'amitié.

RÉPONSE

A LA LETTRE

DE M. STANISLAS DE GIRARDIN,

SUR

LA MORT DE J. J. ROUSSEAU;

Par V. D. MUSSET-PATHAY.

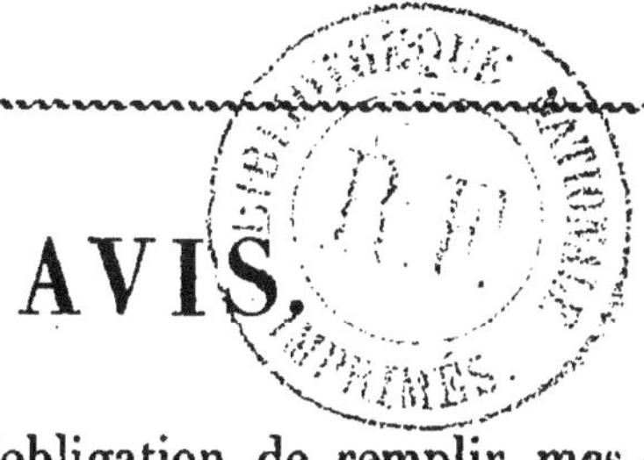

AVIS.

Une maladie, l'obligation de remplir mes enga-
gements envers le public, qui doit passer avant tout, et
conséquemment de terminer l'édition des OEuvres de
Rousseau, ont retardé cette réponse. J'avoue que je
ne la fais que sur les demandes d'un grand nombre
de personnes que j'honore, et qui la croient nécessaire.
Je ne pense point qu'il soit indispensable de répliquer
toujours pour ne pas avoir tort dans une discussion.
Je n'ai point oublié que j'avais pour adversaire un
homme d'un esprit supérieur et d'un talent reconnu;
mon silence ne lui eût point prouvé la sincérité de
l'hommage que je lui rendais, et, quand cette réplique
ne servirait qu'à le constater, je n'aurais ni tout-à-
fait perdu mon temps, ni manqué à l'un des devoirs
que j'apprécie le plus.   M.-P.

RÉPONSE

DE M. STANISLAS DE GIRARDIN,

SUR

LA MORT DE J. J. ROUSSEAU.

Monsieur,

Vous croyez que la mort de Rousseau fut naturelle ; vous en êtes *convaincu* : moi je suis *persuadé* qu'il avança le terme de ses jours. Nous sommes tous les deux de bonne foi, mais l'un des deux est dans l'erreur. Ne pouvant être juge dans votre propre cause, vous avez eu recours au tribunal le plus imposant, le plus désintéressé, celui qu'on abuse le moins. C'est à ce tribunal que je m'adresse à mon tour. Votre lettre m'a mis dans la nécessité d'approfondir, de manière à n'y plus revenir, une question que je n'avais examinée que sous le point de vue historique.

Je parais, monsieur, avec un grand désavantage. Des discussions lumineuses, une dialectique qui force les suffrages de vos rivaux mêmes, une

éloquence reconnue, des succès non contestés...
tel est le cortége qui vous environne; et, si j'a-
borde avec franchise la question qui nous occupe,
que n'ai-je point à combattre! des preuves judiciaires, des témoignages éclairés, tout ce qui mo-
tive le jugement des hommes et lui sert de base.
Vous avez encore pour vous une tradition établie
depuis quarante-six ans dans votre famille. A vos
yeux, elle a le mérite d'une chose jugée... Mais
cette *chose jugée* ne peut l'être sans appel, parce
que tout fait historique est sujet à révision ; on ne
prescrit point contre la vérité.

Si vous avez pour vous une tradition de famille,
j'en ai une répandue dans le public depuis la
même époque. Elles se détruisent mutuellement,
soumettons - les donc toutes les deux au plus sé-
vère examen.

Pour éviter autant que possible les répétitions
dans un sujet où les répétitions semblent inévitables, parce que les mêmes arguments sont re-
produits sous des formes différentes, je vais adopter l'ordre que m'indique la nature de vos preuves.

Elles sont de trois sortes :

1°. Les preuves judiciaires, ou procès verbaux.

2°. Les témoignages.

3°. La réfutation que vous faites des motifs sur
lesquels est appuyée l'opinion contraire à la vôtre,
et les nouveaux arguments que vous produisez en
faveur de celle-ci. Nous allons tout passer en revue.

Avant d'entrer en matière vous me permettrez,
monsieur, de poser la question par rapport à moi.

Je crois que Rousseau s'est donné la mort, et je dois dire pourquoi j'en suis persuadé; mais ce n'est ni un système que je défends, ni une cause que je plaide, ni même une opinion que je prétends établir. Elle n'est pas nouvelle : je l'ai trouvée exprimée dans plusieurs ouvrages, adoptée par des personnages recommandables : je l'ai examinée, et cet examen a déterminé ma persuasion. Je ne pouvais me dispenser d'en parler dans l'*Histoire de Rousseau* : je l'ai fait; mais jamais je n'aurais écrit spécialement sur ce triste sujet; et ce n'est pas ma faute si j'y suis forcé.

Il est encore une autre considération grave et d'un grand poids; je suis loin de me le dissimuler : c'est la certitude de déplaire à un grand nombre de personnes dont j'apprécie le suffrage. Déjà même plusieurs se sont fait entendre. « Prétendre, « ont-elles dit, que la mort de Rousseau ne fût pas « naturelle, c'est déshonorer sa mémoire, c'est « nuire à la cause de la philosophie. »

Eh! quelle est donc cette philosophie que la vérité blesse; qui, suivant les circonstances, prescrit ce qu'il faut dire ou taire [1] et se fait un point d'honneur à sa guise? Quoi! le suicide déshonore! et depuis quand? Ce père qui, de nos jours, près de monter à l'échafaud se tua pour conserver sa fortune à ses enfants, a-t-il perdu l'honneur? Ce major prussien, flétri par un geste de Frédéric [2], tirant

---

[1] Ce n'était certainement pas celle de Rousseau : je n'ai pas besoin de le démontrer.

[2] Qui s'oublia au point de lever sa canne sur cet officier dans une revue. Rousseau comble d'éloges l'action du major.

en l'air un de ses pistolets, et, de l'autre, se brû-
lant la cervelle, a-t-il encore perdu l'honneur? en
dira-t-on autant de ce célèbre diplomate qui, dans
le sein de la grandeur et de l'opulence [1], s'est ôté
la vie? On doit plaindre les hommes réduits par le
désespoir ou l'extrême douleur à disposer de leurs
jours; mais s'il ne faut pas leur faire un mérite
de cette action, on doit encore moins leur en faire
un crime. Je crois donc la philosophie et l'honneur également désintéressés dans cette discussion [2].

Aux désavantages de ma position, que je viens
d'exposer, se joint un embarras qui les augmente
encore. Votre opinion a pour base le récit de
monsieur de Girardin. Or, est-il honnête, est-il
convenable de le discuter? non, si nous nous
arrêtons aux règles de la politesse; oui, si, me lais-
sant la liberté de chercher la vérité, vous m'accor-
dez le droit de la dire. En démontrant que monsieur votre père *a dû* cacher le suicide [3]; que toutes
les mesures qui le faisaient parvenir à ce but ont
été non-seulement légitimes, mais *prescrites* par
les considérations les plus puissantes, alors l'assertion de M. de Girardin n'a plus rien que de
louable; il est permis de la discuter sans manquer
aux convenances. La lettre que vous m'avez fait

[1] Le marquis de Londonderry, plus connu sous le nom de Cas-
telreagh, qui se tua le 12 août 1822.

[2] Ce sont les deux *seuls* rapports sous lesquels nous envisageons
le suicide.

[3] On va bientôt voir que je ne suis point en contradiction avec
ce que je viens de dire.

l'honneur de m'écrire, prouve que vous me faites ces concessions, qui rentrent dans le droit naturel; car vous ne provoquez pas une discussion pour parler tout seul.

Il est essentiel de bien établir la question par rapport à M. votre père, puisque vous la voyez sous un autre point de vue que moi.

Supposons un instant que Rousseau se soit donné la mort, que devait faire M. de Girardin? cacher soigneusement ce fait. Il le devait à la mémoire de son hôte illustre et malheureux ; il se le devait à lui-même. La vérité, dans cette hypothèse, était un outrage, un scandale; il fallait l'envelopper d'un voile épais. Reportons-nous au temps de cette mort: le suicide était alors flétri par les lois, et le cadavre de l'infortuné qui n'avait pu supporter le fardeau de la vie, traîné sur une claie..... On ne pourrait donc qu'applaudir aux précautions que M. votre père aurait prises pour garantir de la profanation les restes de Jean-Jacques.

Ce langage m'est dicté par madame votre sœur, dont vous rapportez la lettre (page 20 de la vôtre); elle s'exprime ainsi, en parlant à madame de Staël : « On vous a trompée, en vous disant que Rousseau « *s'est donné la mort*, et cette erreur, que vous ac « créditez, peut avoir des *conséquences si dange-* « *reuses* par leur effet, si *fâcheuses pour la mémoire* « de Rousseau, que je crois remplir un devoir sa « cré en me hâtant de la détruire. » Ce témoignage est aussi précis qu'irrécusable.

Avec cette manière de penser et de voir, on est

forcé de convenir que c'était un devoir sacré que
d'ensevelir dans l'oubli un fait dont les *consé-*
quences étaient si dangereuses en elles-mémes et si
fâcheuses pour la mémoire de Rousseau. Ce devoir,
M. de Girardin se le serait prescrit ; il eût été
aussi sacré pour lui que pour madame la comtesse
de Vassy.

Je puis donc répondre maintenant, monsieur,
à ce que vous me faites l'honneur de m'écrire
(page 8). « M. de Girardin, auquel vous supposez,
« me dites-vous, on ne peut *concevoir* pourquoi,
« l'envie de dérober au public la connaissance de
« ce suicide. » Bien loin de *supposer l'envie* à M. votre
père, je lui en fais un *devoir ;* et madame votre sœur
en déduit les raisons si clairement, qu'il est facile
de concevoir les motifs qui m'ont fait tenir le langage que vous me reprochez.

Mais, me direz-vous, pourquoi accréditer la
croyance d'un fait qui a des conséquences si dangereuses en elles-mêmes, et si fâcheuses pour la
mémoire de Jean-Jacques [1]? Les temps ne sont
plus les mêmes, et les *conséquences* ont disparu;
mais il suffit que madame de Vassy les ait aper-
çues, pour qu'elle se soit hâtée de détruire la tradition du fait qui y donnait lieu.

Quant à la mémoire de Rousseau, je ne la trouve
altérée en rien, par un acte de faiblesse ou de cou-

---

[1] Je dois prévenir un reproche de contradiction : vous louez,
me dira-t-on, M. de Girardin d'avoir caché la vérité le 2 juillet 1778,
et vous la provoquez aujourd'hui ! Les dates font beaucoup quand
les époques ne se ressemblent pas plus que les devoirs ni les
positions.

rage, suivant la manière de considérer le suicide [1].
Du moment où il admet la libre disposition de sa
vie, dans certaines circonstances, il n'était pas en
contradiction avec lui-même.

Loin d'*intenter une accusation* contre M. votre
père, j'approuve et j'honore la conduite qu'il a
tenue (car madame de Vassy n'est que l'interprète
fidèle de son opinion : c'est de son père qu'elle l'a
reçue). Si le suicide était une chose indifférente,
pourquoi trouvez-vous que ce soit *une accusation*
de ma part que de supposer à M. de Girardin l'intention de la dérober à la connaissance du public?
Si ce suicide avait, comme le prétend madame de
Vassy, des *conséquences dangereuses*, où donc est
l'accusation, et sur quoi porte-t-elle? Sur ce que
M. de Girardin a dû faire tout ce qu'il a fait? Si
c'est réellement à vos yeux une *accusation*, M. de
Girardin a donc eu des motifs de cacher le genre
de mort.

Du reste, abordons franchement la question :
aujourd'hui moins peut-être qu'alors, mais toute-
fois *encore aujourd'hui*, on ne convient d'un suicide
que lorsque l'évidence empêche de le nier ; et, je
vous le demande, monsieur, si l'un de vos hôtes
mettait chez vous un terme à sa vie, le publieriez-
vous ? Que d'exemples je pourrais citer si je ne
craignais de raviver de trop amères douleurs?

Il est sans doute fort désagréable pour M. de
Girardin que Rousseau soit mort chez lui ; mais

____
[1] V. pièces justificatives.

enfin, en supposant cette mort volontaire, on ne peut *intenter aucune accusation*. En se mettant à la place de M. votre père, on sent combien vivement il dut être affecté, combien de soins il a dû prendre pour cacher un pareil événement; et cela sans être coupable en rien, avec la conscience la plus pure, les intentions les plus droites, les attentions les plus délicates : on doit approuver sans restriction sa conduite. Pouvait-il guérir son hôte de l'ennui de la vie, prévoir le projet de s'en délivrer, et le prévenir ? La catastrophe arrivée, il devait donc la taire, la nier, en dérober soigneusement la connaissance à ses enfants ? Aussi, vous me permettrez, monsieur, de vous dire que de tous les contemporains qui croient la mort de Rousseau naturelle, les enfants de M. de Girardin sont ceux qui doivent le plus y croire : pour eux c'est même un devoir de piété filiale. Je ne prétends ramener personne à mon opinion, mais je n'ai jamais eu dans l'idée qu'il vous fût possible de faire la moindre concession sur la vôtre; aussi, monsieur, je la respecte : à votre tour, souffrez que je ne modifie la mienne qu'autant que la conviction résultera pour moi de vos raisonnements ou de vos preuves, et je passe à leur examen.

§ I.

DES PREUVES JUDICIAIRES, OU PROCÈS VERBAUX.

Après vous avoir soumis quelques observations sur les procès verbaux en général, je m'occuperai plus particulièrement de celui qui vous paraît un argument victorieux.

De ce qu'un homme est revêtu d'un caractère public qui lui donne le droit de constater un fait, un délit, il ne s'ensuit pas que l'infaillibilité lui soit donnée avec le droit. L'intelligence nécessaire, la justesse du coup d'œil, l'impartialité, la probité requise, sont des conditions dont la réunion est malheureusement plus souvent désirée qu'obtenue. En réalité, le témoignage de la plupart des faiseurs de procès verbaux, depuis les gardes-champêtres et les gendarmes jusqu'aux juges inclusivement, qui verbalisent sur les dépositions et les procès verbaux d'autrui, peut moins attester en lui-même le fait *dont on instruit* que l'opinion qu'on s'est faite, ou qu'on doit se faire, sur la manière dont s'est passé ce fait.... Eh! que de faits attestés par des procès verbaux, bien revêtus de toutes les formalités requises, ont été reconnus ensuite faux et controuvés! Je me contente, en preuve de cette assertion, d'indiquer une cause célèbre jugée sous nos yeux : c'est celle de la fausse marquise de Douhaut; jamais il n'y eut une telle profusion de procès verbaux *bien en règle*, pour constater une imposture.

De ces observations générales sur les procès verbaux, passons à ceux qui semblent me condamner; examinons-les ensemble. Il y en a deux : mais quoique le second seul soit important, disons un mot du premier.

Le premier procès verbal est dressé par M. Blon-

del, lieutenant des bailliage et vicomté d'Ermenonville ; il déclare que, « par son réquisitoire, le pro-
« cureur fiscal lui dit que M. J. J. Rousseau *est tombé*
« *dans une apoplexie séreuse ;* qu'il a été gardé exac-
« tement jusqu'à ce jour et heure, et que, malgré
« *les soins et les secours* qu'on lui a procurés, il est
« mort réellement, et que, comme cette mort est
« surprenante, il requiert que le genre de mort en
« soit constaté, *autant qu'il sera possible* [1]. » Le lieutenant, le procureur fiscal, le sergent, assistent à
la visite du corps, faite par deux chirurgiens, et
déclarent, *d'une commune voix, que ledit sieur Rous-*
seau est mort d'une apoplexie séreuse.

Je remarque 1° que la question de l'apoplexie
était décidée avant l'ouverture du corps, qui seule
pouvait la constater ; 2° que Jean-Jacques, étant
mort *sur-le-champ*, d'après le témoignage de Thérèse, seul témoin, et celui de M. votre père, qui
entra le premier dans la chambre, le rédacteur du
procès verbal n'aurait pas dû laisser entendre que
l'existence de Rousseau se prolongea ; et conséquemment qu'il y a de l'inexactitude à dire, que
malgré les secours et les soins prodigués à Rousseau ;
il mourut réellement, puisqu'on ne douta point
qu'il n'eût cessé de vivre.

Le procès verbal essentiel est celui de l'ouverture
du corps de Rousseau. Le procureur fiscal commence
par affirmer que Jean-Jacques venait d'être frappé

---

[1] On n'était donc pas sûr de pouvoir le faire. On dira que je suis
bien minutieux : comme c'est un devoir de l'être dans un procès
verbal, il est permis de l'être dans l'examen qu'on en fait.

d'apoplexie : il requiert le lieutenant du bailliage de le constater. La visite se fait d'après les formes d'usage; on déclare à l'unanimité que la conjecture du procureur fiscal est fondée, et que Rousseau est mort d'apoplexie. Mais ce n'est encore qu'une *présomption* : l'ouverture du corps va la détruire ou la changer en certitude. Cette opération se fait trente-trois heures après le décès, par M. Casterès, chirurgien, assisté de deux autres, et en présence de MM. Le Bègue de Presles et Bruslé de Villeron, médecins, tous convoqués à cet effet; car aucun n'avait été témoin de la catastrophe. Ils constatent que « l'estomac ne contenait que le café « que M. Rousseau avait pris, suivant sa coutume, « pour son déjeuner, vers sept heures, avec sa « femme; » circonstance que je ne rappelle pas sans intention, comme vous le verrez bientôt. Voici l'article capital : « L'ouverture de la tête, et « l'examen des parties renfermées dans le crâne, « nous ont fait voir une quantité très-considérable « (plus de huit onces) de sérosité, épanchée entre « la substance du cerveau et les membranes qui le « recouvrent. » Je reviendrai sur ce fait, que j'ai soumis à l'examen de médecins habiles. Après l'avoir exposé, le rédacteur du procès verbal ajoute cette réflexion : « Ne peut-on pas, avec *beaucoup de* « *vraisemblance*, attribuer la mort de M. Rousseau « à la pression de cette sérosité, à son infiltration « dans les enveloppes, ou à la substance de tout « le système nerveux? Du moins il est certain que « l'on n'a point trouvé d'autre cause apparente de

« mort dans le cadavre d'un grand nombre de su-
« jets péris aussi promptement. »

N'est-il pas singulier que des hommes de l'art
doués de l'instruction et des connaissances nécessaires pour décider la question, n'osent pas le faire,
et qu'ils se demandent si l'on *ne peut pas attribuer*
avec *beaucoup de vraisemblance* la mort de Jean-
Jacques à la présence de cette sérosité ?

Ainsi l'on a tranché la question avant la visite :
on l'a proclamée à l'unanimité après la visite ; et,
quand le seul moyen de découvrir la vérité (l'ouverture du corps) a lieu, l'on exprime le doute et
l'incertitude !

Revenons à l'épanchement de la sérosité, *à laquelle on peut avec vraisemblance attribuer* la mort
de Rousseau. J'ai cru pouvoir, sans blesser les convenances, consulter des médecins sur ce procès
verbal, car il s'agit d'éclaircir la vérité. C'est en approcher que de signaler l'erreur qui la remplace.

Voici, monsieur, les observations qui m'ont été
remises.

« Un homme qui est frappé d'apoplexie ne
« tombe pas comme un corps d'une seule pièce ;
« ses forces l'abandonnent, ses genoux fléchissent.
« Dans la supposition d'une chute violente, le front
« frappant sur le sol, il y a contusion, déchirure ;
« le sang coule, mais ne peut jaillir : s'il s'en échappe,
« c'est pendant la vie, après la mort il n'y a pas de
« raison pour qu'il continue de couler.

« Ce qu'on appelle apoplexie séreuse n'est qu'un
« épanchement de sérosité dans les ventricules du

« cerveau, rarement à sa surface. Cet épanchement
« ne se peut faire brusquement; il est le résultat
« d'une maladie antécédente, dont les symptômes
« doivent être dans tous les cas très-marqués.
« Souvent le passage de la vie à la mort laisse for-
« mer dans les cavités du cerveau un épanche-
« ment peu abondant qui n'est qu'un dernier ef-
« fort d'exhalation. Un épanchement de 8 onces
« de liquide dans le crâne est énorme, hors le cas
« d'hydrocéphale. Il est plus extraordinaire encore
« de supposer cette quantité entre la surface du cer-
« veau et ses membranes, surtout d'admettre que
« cette quantité de liquide s'est produite sponta-
« nément et sans maladie antécédente, et de faire
« dépendre la mort de l'individu de la pression
« exercée par le liquide, l'individu ne s'étant plaint,
« pendant la dernière heure de sa vie, que de symp-
« tômes que la compression fortement exercée sur
« le cerveau annulerait s'ils existaient. »

Signé PETROZ,

Doct. méd. de la Faculté de Paris.

Je n'ai pas besoin de tirer les conclusions de
remarques qui, d'après l'expérience acquise depuis
près d'un demi-siècle, et les progrès qu'a faits la
médecine, déterminent le degré de certitude du
procès verbal.....

§ II.

DES TÉMOIGNAGES.

De l'examen des procès verbaux passons à celui
des témoignages.

5

Il n'y eut qu'un *seul* témoin des derniers moments de Jean-Jacques, et ce fut Thérèse Levasseur. Rousseau, qui parlait de sa mort une heure avant qu'elle arrivât, et comme d'un événement certain (ce qui ne peut avoir lieu dans une attaque d'apoplexie), prie madame votre mère, que l'inquiétude avait amenée près de lui, de le laisser seul, parce que la sensibilité de madame de Girardin ne *pouvait être à l'épreuve d'une scène pareille et de la catastrophe qui devait la terminer* [1]. Madame votre mère se retire aussitôt. « A peine sortie, elle entend fermer « la porte, ce qui l'empêche de se représenter. »

Cette version de M. Corancez est confirmée par monsieur votre père (p. 44 de votre lettre), qui dans son récit fait voir Rousseau seul avec Thérèse, puisqu'il n'entra qu'aux cris poussés par celle-ci voyant son mari *tombé sans parole et sans mouvement*. C'est à ces cris que M. de Girardin *s'approche*. Il envoie aussitôt chercher du secours. *Soins superflus : la mort était déjà consommée.*

Ainsi toutes les particularités qui précédèrent l'instant fatal, M. de Girardin les tient de Thérèse. C'est donc à celui de Thérèse que se réduisent tous les témoignages ; et l'on va voir que le sien même est infirmé, quant à quelques circonstances, soit par monsieur votre père, soit par le procès verbal, soit par elle-même.

Dans sa lettre à M. Corancez, Thérèse s'exprime ainsi : « Mon mari se leva à son ordinaire : *il ne*

---

[1] Paroles rapportées dans le récit de M. Corancez (pag. 61), qui s'entretint avec madame de Girardin.

« *sortit point le matin*. Il fit apprêter par moi et la
« servante les choses nécessaires à sa toilette. Nous
« déjeunâmes ; *il ne déjeuna point.* Il avait dîné la
« veille au château d'Ermenonville. Soit qu'il eût
« trop mangé, il se sentait indisposé. »

Écoutons maintenant M. de Girardin (p. 43 de
votre lettre) : « Le matin, Rousseau se leva comme
« à son ordinaire, *alla se promener au soleil levant,*
« *autour de la maison, et revint prendre son café au*
« *lait avec sa femme.* »

Ici Thérèse est démentie non - seulement par
monsieur votre père, mais par le procès verbal,
qui atteste « *qu'au bout de plus de trente* heures de
« mort (p. 25), l'estomac *ne contenait que le café*
« *au lait* que M. Rousseau avait pris, suivant sa
« coutume, pour son déjeuner, vers sept heures,
« avec sa femme. »

Reprenons le récit de Thérèse : elle sortit un
moment. « A mon retour, dit - elle, il n'était pas
« dix heures, j'entendis, en montant l'escalier, des
« cris plaintifs de mon mari. J'entrai précipitam-
« ment, et je le vis couché sur le carreau : j'ap-
« pelai du secours, il me dit de me contenir, qu'il
« n'avait besoin de personne, puisque j'étais reve-
« nue : il me dit encore de fermer la porte et d'ou-
« vrir les fenêtres, ce que j'ai fait. Ensuite, j'ai-
« dai mon mari, de toutes mes forces, à se mettre
« sur son lit : je lui fis prendre des gouttes de l'eau
« des Carmes : lui-même versa les gouttes : je lui
« proposai un lavement, il le refusa : j'insistai ; il
« consentit à le prendre : il descendit lui-même,

« et sans mon aide, du lit, et alla se placer sur la
« garde-robe. J'allai à lui, en lui tenant les mains.
« Il rendit le remède ; et au moment où je le croyais
« bien soulagé, il tomba le visage contre terre,
« avec une telle force, qu'il me renversa : je me
« relevai ; je jetai des cris perçants : la porte était
« fermée. M. de Girardin, qui avait une double clé
« de notre appartement, entra, et non madame de
« Girardin : j'étais couverte du sang qui coulait du
« front de mon mari. Il est mort en me tenant
« les mains serrées dans les siennes, *sans prononcer*
« *une seule parole.* »

Dans le récit [1] que fait monsieur votre père d'a-
près les détails que lui donna Thérèse alors (puisqu'il n'entra qu'au moment où Rousseau venait
d'expirer), Jean-Jacques a un entretien assez long
avec sa femme, qui envoie dire au château que son
mari se *trouvait mal.* Madame de Girardin se présente, et se retire sur les instances de Rousseau,
comme nous l'avons dit. Enfin, il meurt en disant :
Voyez comme le ciel est pur ; il n'y a pas un seul nuage,
ne voyez-vous pas que la porte m'en est ouverte, et
que Dieu m'attend.... C'est alors qu'il rend le dernier soupir et tombe sans mouvement.

De ces deux versions, je vous le demande, monsieur, quelle est celle qu'il faut admettre ? toutes
deux viennent de la même source. Qui faut-il croire
de Thérèse écrivant que Jean-Jacques est *mort sans*
prononcer une seule parole, ou de Thérèse éloquente

---

[1] Récit que je ne transcris point puisqu'il fait partie de la lettre à
laquelle celle-ci sert de réponse. (P. 42 et suiv.)

une fois en sa vie, mettant dans la bouche de Rousseau le discours que, *d'après elle*, rapporte M. de de Girardin ?

Le procès verbal ne peut donner aucune lumière propre à concilier les deux récits. Seulement il faut remarquer qu'il se tait sur le trou fait au front de Rousseau, ou plutôt qu'il en parle d'une manière suspecte, en disant que ce n'était qu'une *légère déchirure* : expression qui contrarie le témoignage de *Thérèse couverte du sang de son mari* ; et celui de M. de Girardin prévenant M. de Corancez que *Rousseau s'était fait un trou au front* [1].

N'est-il pas bizarre que cette tête d'où jaillirent tant de pensées sublimes, tant d'utiles idées, soumise au scalpel de l'anatomiste, échappe en quelque sorte à son examen, puisqu'il ne parle qu'en passant de la cavité, et pour la traiter de légère déchirure ?

Vous me reprochez, monsieur, de croire et de parler d'après des ouï-dire. Permettez-moi d'abord de vous faire remarquer que, dans cette affaire, nous n'avons, vous et moi, que des ouï-dire [2]. Vous en tenez le récit de monsieur votre père, qui le tenait de Thérèse : moi, je le tiens de la même Thérèse qui a écrit un tout autre récit.

Le *seul* témoin que nous ayons donc, vous et moi, monsieur, est une femme « qui n'a jamais « bien appris à lire quoiqu'elle écrivît passablement;

---

[1] Page 60 du récit de Corancez.

[2] A l'exception du procès verbal qui, réduit à sa juste valeur, ne vaut guère mieux.

« à qui Rousseau s'efforça, pendant plus d'un mois,
« à lui faire connaître les heures sur un cadran ;
« qui n'a jamais pu suivre l'ordre des douze mois
« de l'année ; qui ne connaissait pas un seul chiffre
« malgré tous les soins pris pour les lui montrer ;
« enfin qui, en parlant, disait souvent le mot op-
« posé à celui qu'elle voulait dire [1]. »

Tel est le *seul témoin* de la mort de Rousseau ;
témoin qui deux fois a fait le récit de cette mort
avec des circonstances qui se détruisent mutuellement, ainsi que vous venez de le voir.

§ III.

EXAMEN DE LA RÉFUTATION QUE VOUS FAITES DES MOTIFS SUR LESQUELS EST APPUYÉE L'OPINION CONTRAIRE A LA VÔTRE.

Ce titre, déjà trop long, ne désigne cependant
pas tout ce qui me reste à dire. Je suis obligé de
sous-diviser ce dernier chapitre, beaucoup plus
étendu que les deux précédents ; car il n'y a qu'*une
preuve* et qu'*un* témoin. L'une est suspecte, comme
erronée, l'autre en contradiction avec *elle*-même.
Mais vous me faites, monsieur, beaucoup d'arguments : j'ai donc beaucoup à répondre. Procé-
dons avec ordre. Je commence par vos observations ; vous voudrez bien que je vous en fasse à
mon tour. Voici la marche que je vous propose de
suivre :

1° Nous examinerons vos arguments contre l'em-

---

[1] *Confessions*, VIII.

ploi supposé des moyens choisis par Rousseau pour s'ôter la vie.

2° De ces arguments, nous passerons à la réfutation des causes qu'on présume l'avoir déterminé.

3° De cette réfutation, aux objections que vous faites contre les témoignages.

Après avoir répondu à ces trois points de notre discussion, il me sera permis de la continuer en signalant à mon tour des conjectures gratuites, des erreurs graves, des contradictions qui résultent de l'inexactitude des renseignements que vous avez recueillis, ou qui vous ont été donnés. Enfin nous terminerons par jeter ensemble un coup d'œil sur le caractère et les goûts de Rousseau, parce que dans un fait historique où les probabilités remplacent la certitude, il faut que la masse des probabilités soit complète. Ainsi :

4° Conjectures, erreurs et contradictions.

5° Revue des circonstances de la vie de Rousseau qui ont un rapport direct avec l'objet de cette discussion.

I. Arguments contre l'emploi supposé du moyen choisi par Rousseau.

M. de Corancez croit que Rousseau s'est tué d'un coup de pistolet ; et madame de Staël, qu'il s'est empoisonné. Ces deux versions pourraient se concilier, car Jean-Jacques, dans l'infusion qu'*il fit lui-même*, qu'il prit, et qui lui causa de vives souffrances, aurait pu ne pas mettre les doses nécessaires pour produire l'effet attendu, la mort. Craignant qu'elle n'arrivât lentement, il aurait pris le moyen le plus prompt de terminer son existence. Je veux seulement, par cette observation, faire remarquer que les deux versions ne sont point contradictoires. Nous y reviendrons dans un autre article. Occupons-nous des objections que vous tirez de l'emploi même des moyens supposés, et d'abord de l'arme à feu.

J'ai été frappé de vos réflexions sur l'inexpérience de Rousseau dans le maniement des armes à feu; mais elles rentrent, quant à l'application, dans le domaine des conjectures. On ne manque pas d'exemples où, pour la première fois, on a fait usage de ces armes contre soi. Les observations que vous faites sur la difficulté que dut trouver Jean-Jacques à se procurer un pistolet, sont lumineuses : d'où le tenait-il? par qui la commission fut-elle faite? où se trouva cette arme? on n'a rien à répondre à des observations, que par le fait qui les détruit, ou par une observation contraire, pourvu qu'elle soit appuyée sur le même degré de probabilité. Cette arme à feu, qu'est-elle devenue, me demandez-vous? Mais il est bien évident, monsieur, que le projet sensé, raisonnable de cacher l'événement, entraînait dans son exécution la disparition du pistolet, du poison, s'il en restait, de toutes les traces enfin d'une mort violente et prématurée, puisqu'il fallait que celle de Rousseau parût naturelle. Vous raisonnez toujours comme si monsieur votre père devait publier la vérité dans tout état de cause, tandis que son

devoir était de la taire; et je l'ai prouvé par le langage que tient madame votre sœur, et par des
considérations sans réplique.

Revenons un moment sur l'inexpérience prétendue de Rousseau : sans doute, il n'était pas
chasseur, mais enfin il avait manié le fusil. —« La
« seule précaution dont j'aurais besoin, dit-il dans
« une lettre à madame d'Épinay (août 1756), ce
« serait un fusil ou des pistolets ; mais je ne trouve
« personne qui m'en veuille prêter. » — On lit
dans les *Confessions* (liv. ix) que madame d'Épinay
lui envoya un fusil, et que Deleyre l'étant venu
voir, *il rit avec lui de son appareil militaire.*

Dans une autre lettre à madame d'Épinay (t. 18,
p. 296, édition de Dupont), il lui fait part des précautions qu'il a prises pour sa sûreté, et termine
ainsi : « Enfin, sitôt que vous m'aurez envoyé des
« armes, je ne sortirai jamais *sans un pistolet en*
« *vue,* même autour de la maison. » Tout cela ne
prouve pas qu'il en eût à Ermenonville, mais suffit
cependant pour ne pas laisser sans remarque ce
que vous me dites (p. 7) : « Rousseau n'avait pas
« d'armes ; l'on croit même que l'usage lui en était
« totalement étranger. »

« Le pistolet, dites-vous encore, monsieur, eût
« révélé la cause de sa mort. » Sans doute, mais
M. René de Girardin ne devait pas *révéler* le pistolet. Le silence entrait dans le système que toutes
les considérations du moment lui faisaient un devoir d'adopter.

Quant à la *nécessité de mettre Thérèse* dans la

confidence, je suis loin de la reconnaître. Vous savez comme moi combien cette femme manquait de clairvoyance et de sagacité. Rousseau put faire une infusion de plantes sans exciter ses soupçons; préparer l'arme à son insu, ne la lui faire voir qu'à l'instant même où il en fit usage. Ce ne sont pas là seulement des possibilités; ce sont des probabilités dans l'hypothèse du suicide. Je ne crois donc pas *qu'elle ait pu l'aider dans une aussi fatale résolution;* mais je pense qu'il était *facile* de lui en faire un mystère, et même de l'exécuter sans qu'elle s'en soit doutée le moins du monde.

L'objection tirée du bruit qu'a dû faire l'arme à feu ne me paraît pas insoluble. Je ne nie point que l'explosion n'ait pu être entendue. Vous dites que le *concierge logeait au-dessous de l'appartement de Rousseau; que la fenêtre donnait sur une rue du village très-passagère; enfin qu'il était dix heures du matin.* Mais vous ne dites point que le concierge fût alors dans sa chambre, et qu'il y eût du monde dans la rue: à dix heures, au mois de juillet, les villageois sont à leurs travaux rustiques. Les rues les plus passagères de Paris sont quelquefois désertes dans certains moments, au temps des grandes chaleurs; à toute force il en peut être ainsi de la rue très-passagère d'Ermenonville.

Enfin un coup de pistolet, dites-vous, tiré *à bout portant* décompose tous les traits; d'accord : mais personne ne prétend qu'il fut tiré *à bout portant.* Il suffit d'un intervalle entre l'extrémité

de l'arme et la tête pour que la balle ne fasse pas
les ravages dont vous parlez. Peut-être Thérèse,
avertie seulement par le mouvement de Jean-Jacques et par l'aspect du pistolet, détourna-t-elle
le coup et l'empêcha d'être à bout portant. Ce
n'est pas moi qui peux vous éclairer là-dessus.

De l'emploi de l'arme à feu, passant à celui du
poison, vous prétendez que, devant être très-vio-
lent[1] (dans la supposition qu'il eût produit la
mort en trois heures environ), il eût fait beaucoup
de ravages. « Les traces en eussent été bien visi-
« bles à l'extérieur; il eût altéré sensiblement les
« traits de la figure. » Pour admettre ou contester
ce résultat, il faudrait savoir ce que vous et moi
ignorons, c'est-à-dire connaître la nature du poison, ce qui même ne suffirait pas pour prononcer
sur ses effets, puisque les plus fameux médecins
n'ont osé, dans un procès récent, décider cette
question. Quand on chercha Condorcet et le car-
dinal de Loménie pour leur faire subir un jugement dont ils avaient prévenu l'issue en s'empoi-
sonnant, on ne les croyait qu'endormis. Ils n'étaient
donc pas défigurés.

II. Réfutation des causes présumées.

Madame de Staël désigne une cause détermi-
nante, si son existence était démontrée. C'est l'infidélité de Thérèse. Vous sentez si bien la gravité
de cette cause, que d'un trait de plume vous la re-

---

[1] Je crois au contraire qu'il ne l'était pas assez pour amener
promptement la mort.

poussez, en niant que l'objet de cette *vraie* ou *prétendue* infidélité fût encore connu de Thérèse à l'époque de la mort de Rousseau.

Détruire le motif supposé, ce ne serait pas détruire le fait. J'avoue qu'il en serait ébranlé, et qu'une pareille mort sans motif serait inexplicable. Mais, de bonne foi, monsieur, n'y avait-il qu'un motif? La trahison de Thérèse; je ne l'abandonne point, quoique vous tentiez de la justifier. Nous y reviendrons tout-à-l'heure.

M. Le Bègue de Presle, dans sa relation, dit en propres termes, *que la vie était à charge à Rousseau;* et, quoiqu'il fût *dans ses principes de ne rien faire pour en avancer le terme, sa fin lui paraissait désirable*[1].

De combien de maux imaginaires pour nous, mais réels aux yeux de Rousseau, n'était-il point affecté? L'estime de ses semblables, qu'il avait poursuivie, qu'il avait méritée par des ouvrages utiles et beaux, il croyait l'avoir perdue; que dis-je? il s'imaginait qu'elle était remplacée par le mépris et la haine. Il commit à la fois une double erreur, soit en attachant un trop grand prix à l'estime de ses contemporains, soit en croyant que le plus grand nombre la lui refusait. Mais enfin il était tourmenté sans cesse de cette idée cruelle, au point même d'en avoir quelquefois la raison troublée. Ce complot chimérique dont il se croyait l'objet dans ses dernières années, le dépôt d'un ouvrage sur le maître-autel de Notre-Dame.... toutes ces

[1] Pages 14 et 15.

circonstances ne font-elles pas voir que Rousseau avait le dégoût de la vie? ajoutez la perte de son indépendance, imaginaire, sans doute, comme le reste, mais positive d'après la lettre de Thérèse, et présumable encore sans cette lettre; car enfin il n'était pas chez lui, et depuis vingt ans s'était promis de n'être jamais chez les autres. Cette dernière circonstance aurait pu suffire; elle a peut-être en effet suffi pour combler un désespoir que toutes les convenances, dont il avait le sentiment au dernier degré, lui faisaient un devoir de concentrer soigneusement en lui-même. Mais enfin, je pense, moi, qu'il a fallu combler la mesure; et qu'une cause subite, nouvelle, instantanée, en augmentant l'intensité des causes préexistantes, a déterminé Jean-Jacques. Cette cause à laquelle je reviens, après vous avoir fait voir que les autres ne me manqueraient pas, cette cause est l'infidélité de Thérèse.

Vous ne la niez pas, vous n'en reculez que la date. « Les inclinations de Thérèse (dites-vous « p. 13) n'existaient pas encore, puisque ce n'est « que plusieurs mois après le décès de Rousseau « qu'elle a fait connaissance avec cet homme qui, « de palefrenier, était devenu valet de chambre « de M. de Girardin. »

Beaucoup de personnes ont compris (et j'étais du nombre) que ce palefrenier n'était point encore au service de monsieur votre père; mais vous ne dites, ni ne laissez entendre ce fait, énoncé pour la première fois depuis quarante-six ans. Je vais raisonner dans les deux suppositions, parce que dans toutes les deux il est impossible d'assurer que Thérèse ne connût point le palefrenier. Il y aurait plus de probabilité, si effectivement à l'époque de la mort de Rousseau John n'eût point fait partie des domestiques de M. de Girardin. Encore, dans cette hypothèse, faudrait-il convenir que cette condition n'était pas rigoureusement nécessaire; car on dirait : Où donc était cet individu, dont on n'aurait jamais parlé sans Thérèse? dans le voisinage? à Paris? Qui peut assurer qu'il n'était point au nombre des connaissances de mademoiselle Levasseur, et qu'il ne soit point venu la voir à Ermenonville? Il serait nécessaire de prouver que le palefrenier, en entrant au service *postérieuremènt* au décès de Rousseau, arrivait de loin.

Mais il était chez M. de Girardin, *puisque plusieurs mois* après l'événement Thérèse *fit connaissance avec cet homme qui, de palefrenier, était devenu valet de chambre :* cette manière de vous exprimer fait croire que ce valet de chambre était palefrenier pendant le peu de temps que Rousseau habita Ermenonville.

Madame votre sœur, dans sa réponse à madame de Staël, s'exprime ainsi sur le fait en question : « Rousseau ne pouvait être instruit de l'infidélité « de sa femme, puisque ce n'est que *plus d'un an* « *après* sa mort qu'elle a eu des torts assez graves « pour ne pouvoir plus rester à Ermenonville. » Ces torts ne sont point spécifiés : Thérèse en a eu de bien autrement graves, d'inexcusables envers

M. de Girardin qu'elle a payé de la plus noire in-gratitude. Si c'est là ce dont veut parler madame de Vassy, le valet de chambre y est étranger. S'il est au contraire question de lui, il restera toujours à prouver que cet homme ne connaissait pas Thérèse du vivant de Rousseau, ce qui ne me paraît guère possible.

Que ce palefrenier fût au service de M. de Gi-rardin dans le mois de juin 1778 (époque du séjour de Jean-Jacques chez monsieur votre père), ou qu'il y soit entré plus tard, on ne peut assurer avec certitude que Thérèse et lui ne se connais-saient pas.

Et puis, monsieur permettez-moi de vous le rap-peler, vous n'étiez âgé que de dix ans et trois mois lorsque ce commerce avait lieu. Thérèse et John avaient trop d'intérêt à se soustraire à tous les regards pour ne pas échapper à des yeux plus exercés que ceux d'un enfant.

Vous ne pouvez donc donner en preuve de l'assertion avancée par vous, qu'un *ouï-dire* qui n'est arrivé même à vous que long-temps après l'événement, car vous n'étiez pas d'âge à être mis dans des confidences de cette espèce; et vous me *réprimandez* sur des *ouï-dire*, donnant ce nom à des raisons qui en méritent un autre, ainsi que j'es-père vous le prouver!*

Du fait en lui-même passons aux considéra-tions d'après lesquelles vous voulez le faire reje-ter; car, quoiqu'une simple dénégation dût suf-fire, sur un homme obscur dont l'existence était d'une indifférence absolue, vous ne vous en contentez pas, et vous dites : Le fait est faux, puisque John et Thérèse ne se connaissaient pas : de plus, quand ils se seraient connus, il est invraisemblable. C'est du moins, si je ne me trompe, ce qui résulte de l'observation suivante.

« Comme l'illusion de madame de Staël (p. 12)
« se serait dissipée si elle eût voulu commencer
« par s'avouer que Rousseau avait alors soixante-
« six ans, sa femme plus de soixante, et l'homme
« de l'état le plus bas, pour lequel on lui suppo-
« sait de viles inclinations, cinquante et tant !
« Lorsqu'il faut placer l'amour et la jalousie dans
« un pareil cadre, l'on voit qu'il ne peut nulle-
« ment leur convenir. »

En admettant les viles inclinations de Thérèse (dont vous ne reculez d'ailleurs que la date), je ne reconnais point de jalousie dans Rousseau, mais un sentiment plus amer, s'il s'est aperçu de la liaison de sa femme avec le palefrenier. Vous faites sentir combien il est absurde de placer l'amour entre de pareils êtres ; l'amour n'est pas le mot, et vous me dispenserez de le dire. Du reste, vous savez comme moi qu'il y a des goûts singuliers ; et celui d'un roi puissant, qui n'a jamais aimé que les vieilles femmes, n'est pas des moins bizarres. Le goût de Thérèse était plus naturel [1], j'en conviens ; comme vous n'en contestez que la

____

[1] Thérèse étant née en 1721, n'avait en juin 1778 que 57 ans. Si le palefrenier en avait plus de cinquante, la disproportion n'était pas aussi choquante.

date, admettons pour un moment la version de M. Coindet, de M. Moultou, de madame de Staël, et vous conviendrez avec moi que Rousseau dut être navré de la trahison de celle qui lui était nécessaire; du seul être qui eût toute sa confiance. Pour un instant encore, admettons le témoignage de Thérèse sur la répugnance de Jean-Jacques à rester à Ermenonville (répugnance qu'elle décrit dans la lettre dont vous vous servez contre moi); ses souvenirs, et les regrets qu'il éprouvait d'avoir quitté Paris; ses soupçons sur les moyens employés par elle pour le faire sortir de cette ville, ne se seront-ils pas tout-à-coup retracés au moment de la trahison, avec toute l'exagération d'une imagination malade, effarouchée?... ne se serait-il pas alors vu seul à Ermenonville; seul dans la nature, car Thérèse ne s'y trouvait plus pour lui, qui n'y vivait que par elle et pour elle [1]? n'aura-t-il pas conclu sur-le-champ que le complot chimérique dont il nous attriste tant de fois, dans ses rêveries, dans ses lettres, s'exécutait, et qu'il était tombé entre les *mains de ses ennemis*.

III. Réfutation des témoignages.

J'appelle ainsi l'opinion de Corancez, celle de madame de Staël, et les faits d'après lesquels ils ont admis une mort prématurée.

Vous paraissez mettre plutôt en doute la saga-

---

[1] M. de Girardin lui-même en convient, puisqu'il dit : « Thérèse « était devenue si nécessaire à Rousseau, qu'il n'aurait jamais pu en « supporter la perte, et n'en pouvait pas soutenir l'absence. »

cité du premier que sa bonne foi, et les illusions
de la seconde que sa sincérité. Cependant, en
supposant comme vous le faites, et *fort gratuite-
ment*, que tous les deux se concertèrent, vous
rendez ce double témoignage suspect. Il importe
de l'éclaircir et d'en apprécier la valeur.

Il est probable, monsieur, que vous ne con-
naissez la relation de M. Corancez [1] que par des
extraits : c'est la seule manière d'expliquer deux
erreurs assez graves que vous commettez. Rousseau remit à un chevalier de Malte qui l'était allé
voir à Ermenonville, un papier dans lequel il demandait un asile dans un hôpital; ce chevalier de
Malte, nommé M. de Flamanville, ayant rencontré
Corancez à l'Opéra, le lendemain ou le soir même
de sa visite, lui communiqua ce papier. Vous dites,
monsieur, à propos de ce fait : « Où est ce papier?
« M. de Corancez n'avance pas qu'il l'ait lu, l'on
« peut douter de son existence. » Il fait mieux;
après en avoir parlé, il ajoute : « Ce papier doit
« avoir ici sa place; c'est le même que celui im-
« primé dans le Journal de Paris, du 20 juillet 1778,
« 18 jours après la mort de Rousseau. Ceux de

[1] Cet ouvrage est fort rare parce que l'auteur ne le fit tirer qu'à
cinquante exemplaires qu'il destinait à ses amis. Il est sans frontis-
pice, dédié à ses enfants, et porte ce titre : *de J. J. Rousseau, par
Corancez : on y a joint quelques opuscules du même auteur.* C'est un
volume in-8° de 181 pages, dont cent sont exclusivement consacrées
à Rousseau. M. Corancez destinait cet ouvrage à ses enfants et à sa
famille, qui était nombreuse. Sur l'exemplaire que je possède est une
inscription de sa main. Une très-petite partie des détails sur Jean-
Jacques fut insérée dans le journal de Paris, dont l'auteur était l'un
des propriétaires.

« mes lecteurs qui ne l'ont pas lu, et sûrement ils
« sont en grand nombre, me sauront gré de le
« mettre sous leurs yeux. Je dois faire remarquer
« qu'il est daté du mois de février 1777 ; mais que
« Rousseau, l'ayant remis au jeune chevalier de
« Malte, lors de sa visite à Ermenonville, il se
« trouve avoir réellement deux dates ; celle de fé-
« vrier 1777, et celle de juin 1778, époque de cette
« visite. » Après ce préambule, Corancez rapporte
le billet qui occupe les pages 56 et 57 de son
récit [1]. On ne peut donc douter de l'existence de
ce papier, que les derniers éditeurs des œuvres de
Jean-Jacques ont compris dans leur recueil.

« Tous les raisonnements de M. Corancez, ajou-
« tez-vous ensuite, sont donc appuyés sur un
« propos répété par un maître de poste, sur un
« prétendu papier remis à l'Opéra par Rousseau à
« un chevalier de Malte, pour l'inviter à lui trouver
« un asile dans un hospice ; c'est avec de sembla-
« bles conjectures que vous entreprenez de dé-
« truire des faits incontestables ? »

Je réponds : 1° Je n'ai point la prétention de détruire des faits *incontestables ;* je ne discute que
ceux qui ne me paraissent pas bien prouvés [2] :
2° Ce que vous traitez de propos n'en est pas un,

---

[1] Nous le reproduisons dans les pièces justificatives.

[2] Il n'y a même qu'un fait incontestable : c'est l'existence d'un
procès verbal qui atteste la présence d'une quantité considérable de
sérosité dans le cerveau, et *propose d'attribuer sans invraisemblance* à
cette cause la mort de Rousseau, sans oser le décider affirmativement.
Voilà tout ce qu'il y a *d'incontestable.* C'est un procès verbal, non
ce qu'il atteste.

c'est l'expression de la surprise et du chagrin, et
l'expression involontairement proférée par un
homme de bonne foi *pénétré* de ce qu'il éprouve :
un propos suppose de l'intention, du calcul, l'envie d'exciter la curiosité, et rien de tout cela ne
se montre dans l'exclamation de M. Payen [1]. 3º Le
prétendu papier est retrouvé. 4º Ce papier fut
remis au chevalier de Malte, non à l'Opéra, où
Rousseau n'allait plus depuis long-temps [2], mais à
Ermenonville. Ce n'est donc point une conjecture :
c'est un fait, et je n'arguë nullement de ce fait
pour arriver au suicide de Rousseau. Le sacrifice
qu'il faisait en demandant son admission dans un
hospice, prouve au contraire l'amour de la vie; il
a donc fallu, pour le déterminer à se l'ôter, une
circonstance inattendue qui l'a réduit au désespoir; et cette circonstance, je la vois dans *l'abandon* de Thérèse, de cette Thérèse que monsieur
votre père fut obligé de *chasser* de chez lui, quelque temps après la mort de Rousseau; de cette
Thérèse qui le calomnia pour prix de l'hospitalité
qu'elle en avait reçue, et des peines qu'il s'était
données relativement à la vente des manuscrits
de Jean-Jacques dont elle toucha le produit; de

---

[1] Cette exclamation a même quelque chose de touchant, et fait
naître une réflexion qui m'a frappé, parce qu'elle contient tous les
reproches qu'on semble avoir le droit de faire à Rousseau, et qu'on
m'a rappelés pour m'empêcher de répondre. « Qui l'aurait cru, s'é-
« cria M. Payen, que M. Rousseau se fût ainsi détruit lui-même ! »

[2] C'est-à-dire depuis qu'on avait suspendu les représentations
d'Orphée. Quelqu'un lui ayant demandé pourquoi il ne le voyait
plus à l'Opéra, il répondit en chantant :

J'ai perdu mon Euridice.

cette Thérèse enfin que vous justifiez en avançant un fait tout-à-fait nouveau.

On ne peut donc mettre en doute la sincérité de M. Corancez; il termine les détails qu'il donne par ces réflexions : « Actuellement, si vous me deman-« dez : Enfin Rousseau s'est-il défait volontairement? « je vous répondrai : Je n'en sais rien, mais je le « crois. Je vous ai donné tous les faits, je vous ai « détaillé toutes les circonstances ; je n'ai point « voulu aller au-delà, formez vous-mêmes vos opi-« nions. » Après avoir rapporté les circonstances dont il parle, il avait dit : Que se trouvant dans d'autres circonstances que M. de Girardin, *il aurait à se reprocher, connaissant la vérité, de ne pas la faire sortir tout entière.*

Vous partez de là, monsieur, pour le mettre en contradiction avec lui-même ; et vous dites : « Après avoir affirmé qu'il connaissait la *vérité*, « l'on est fort surpris de l'entendre dire qu'il ré-« pondrait à ceux qui lui demanderaient si Rous-« seau s'est défait volontairement : *Je n'en sais rien,* « *mais je le crois.* S'il n'en savait rien, pourquoi l'af-« firme-t-il? s'il n'en savait rien, pourquoi avance-t-« il que la vérité lui est connue. »

Vous oubliez, monsieur, que M. de Corancez, quand il a dit qu'il connaissait la *vérité*, ne parle pas du fait principal, mais de tous les faits accessoires dont il fut témoin, et des particularités relatives à la mort de Rousseau. Ainsi, il atteste l'exclamation douloureuse de Payen, l'effet qu'elle produisit sur M. de Girardin, l'offre que lui fit M. votre

père de voir le corps, l'annonce d'un trou fait à
la tête, l'entretien qu'il eut avec madame de Girardin, et les détails qu'elle lui donna, ceux qu'il
recueillit de Thérèse; voilà ce qu'il appelle la *vérité*. Quant au genre de mort, il n'affirme rien,
parce qu'il *ne sait rien*; mais *il croit* au suicide,
parce qu'il trouve assez de motifs pour y croire:
on peut être *persuadé* sans être *convaincu*[1]. Il
n'affirme nullement que Rousseau se soit détruit,
il dit au contraire qu'il n'*en sait rien; savoir* un
fait, c'est en connaître toutes les circonstances.

Je regrette comme vous, monsieur, que M. Corancez ait refusé de voir le corps de Rousseau. Cependant, remarquez qu'en acceptant l'offre de
monsieur votre père, c'était paraître douter de sa
véracité, c'était vouloir vérifier ce qu'il venait de
lui dire, conséquemment commettre une impoli-
tesse choquante. Permettez-moi de vous faire observer qu'il est fort aisé de prétendre aujourd'hui
que M. Corancez devait adresser telle ou telle
question; pouvait-il en faire qui contrariassent
M. de Girardin, qu'il ne connaissait pas, et devant lequel il paraissait pour la première fois? Il
ne se doutait nullement que des discussions s'élè-
veraient un jour sur le genre de mort de Rous-

---

[1] C'est pour cela que l'établissement du jury est un bienfait. De
faux témoins peuvent attester une accusation calomnieuse. Toutes les
preuves juridiques sont acquises. Tel délit est commis, tel homme
est accusé. La conviction naît : elle agit sur l'esprit; mais l'innocence
a son langage, son accent irrésistible. Elle se fait entendre, elle se
fait sentir, et le jury *persuadé* l'emporte sur le jury *convaincu*. De ce
conflit naîtrait au moins le doute, qui sauve l'innocence.

seau, persuadé qu'il avait avancé le terme de sa vie; considérant que M. de Girardin était forcé de n'en pas convenir, de couvrir le suicide d'un voile épais; approuvant les mesures qu'il prenait pour arriver à ce but, il sentait que lui, jeune alors, étranger, inconnu de monsieur votre père, n'avait aucun droit pour être mis dans la confidence.

Vous supposez (p. 10) que le Génevois dont parle madame de Staël était M. Corancez. M. Corancez était de Chartres; il avait épousé la fille de M. Romilly de Genève; c'est de M. Coindet que parle madame de Staël sans le nommer; elle le désigne suffisamment en disant que ce Génevois avait été secrétaire de M. Neker.

Cette explication suffit pour faire cesser la surprise que vous exprimez sur ce *que M. Corancez n'a point fait* imprimer la lettre de madame de Staël (p. 11). Non-seulement il n'a point reçu de lettre de cette femme célèbre, mais il ne l'a jamais connue. Elle publia ses *lettres sur Rousseau* en 1788. M. Corancez fit imprimer sa relation (sans la publier) en l'an VI (1798); des fragments en furent insérés dans le *Journal de Paris;* et, par parenthèse, il est étonnant que M. votre père, qui vivait alors, et que vous n'avez perdu que dix ans après, n'y ait pas répondu.

Les suppositions que vous faites sur les conférences entre madame de Staël et Corancez sont donc dénuées de fondement. Tous deux ont écrit sur le genre de mort de Rousseau, mais à dix ans d'intervalle, sans parler l'un de l'autre, et chacun en croyant, à l'emploi d'un moyen différent : ce qui suffit pour prouver qu'ils n'écrivaient pas de concert.

IV. Contradictions. Erreurs. Inexactitudes. Conjectures.

Dans une discussion comme celle qui nous occupe tous les deux, monsieur, il est permis à chacun de nous de ramasser les armes que laisse échapper son adversaire. J'appelle de ce nom les inexactitudes dans le récit des mêmes circonstances, que commettraient les témoins que vous m'opposez ; et les contradictions dans lesquelles ils tomberaient, puisque nécessairement elles affaiblissent leur témoignage.

— Ainsi madame de Vassy invoque celui de M. le Bègue de Presle, qui, dit-elle, *était à Ermenonville à cette fatale époque.* C'est une erreur ; M. Le Bègue était à Paris : monsieur votre père l'envoya chercher (p. 46) ; il arriva le lendemain de la mort ou peut-être le soir : mais enfin il n'était point à Ermenonville ; il le dit lui-même dans sa relation[1].

— Un mot sur M. de Presle, puisque je viens de le nommer.

« Je ne répéterai pas, dit-il, ce que M. Rousseau
« a dit pendant sa dernière heure, et encore moins
« les propos faux ou inexacts qu'on lui attribue.
« madame Rousseau *qui était seule avec lui,* avait
« trop d'inquiétude et de chagrins, pour retenir

---

[1] C'est de l'édition originale que j'extrais les passages cités, et non des fragments rapportés dans la lettre de M. de Girardin.

« jusqu'aux expressions des réflexions morales ou
« religieuses qu'a pu faire son mari; si le trouble
« que doit causer dans l'esprit la destruction de
« l'organisation , ou la cessation de la vie lui en a
« permis. » Ainsi M. de Presle démontre très-bien
l'invraisemblance des belles réflexions rapportées
par Thérèse, *qui était seule*, à M. de Girardin, qui
ne les a point entendues de la bouche dans laquelle
on les met. Il y a donc contradiction entre monsieur votre père et M. de Presle :

Mais ce dernier en commet une bien étrange.
Il admet la version où l'on présente Rousseau mort
d'apoplexie, version à laquelle il a concouru lui-
même, et rapporte textuellement les indications
du procès verbal d'ouverture. Ainsi ce médecin ne
doute point du genre de mort. Cependant il s'exprime en ces termes : « Quiconque a souffert ou
« vu souffrir ces grandes peines d'esprit et de
« corps, qui rendent l'existence un supplice con-
« tinu, ne sera pas surpris si on lui dit que mon-
« sieur Rousseau a vu arriver sa dernière heure de
« sang froid et même avec une espèce de satisfac-
« tion. » Quand on est frappé d'apoplexie et qu'on
meurt dans l'attaque, on ne voit point arriver sa
dernière heure. Il est vrai qu'on lit dans le procès
verbal, et que M. de Presle répète que M. Rousseau
s'est plaint *dans la dernière heure de sa vie de four-*
millement et de picotement très-incommode, d'une sen-
sation de froid, etc. (p. 26 de votre lettre). Mais
cette *dernière heure* dont chacun s'empare, appartient exclusivement à Thérèse. Aucun des signa-

taires du procès verbal ne se trouvait là. Le chirurgien était à Montagny, le médecin de Villeron, à Senlis, le docteur de Presle à Paris ; tous attestent ce qui s'est passé dans cette *dernière heure.* Ce ne pouvait être que sur le témoignage de Thérèse. Il fallait donc le dire.

— Si Jean-Jacques éprouva tous les symptômes qu'on rapporte, il ne mourut point d'apoplexie; s'il en fut frappé, il ne les éprouva point.

— Vous dites dans votre lettre (p. 13) que madame de Staël a tort de croire que Rousseau se *leva* le jour de sa mort en *parfaite santé.* « Non, répondez-vous, il se plaignit d'avoir été indisposé toute « la nuit. Il ne sortit pas. » Nous avons vu que M. de Girardin disait tout le contraire (p. 43) « sa « femme (Thérèse Levasseur) n'imagina même pas « qu'il fût incommodé : le lendemain matin, il se « leva comme à son ordinaire, *alla se promener* au « soleil levant. »

— « J'accorderai, si l'on veut, que Rousseau a « pris une tasse de café le jour de sa mort. » Quant à moi je ne veux rien, mais je dois faire observer que le procès verbal, dont vous tirez vos principaux arguments, constate l'existence du café au lait dans l'estomac, trente-trois heures après la mort, et conséquemment vous oblige d'y croire.

— Après avoir rappelé le procès verbal d'ouverture, le concours des gens de l'art pour cette opération, vous me demandez si *c'est* ainsi que l'on *s'y prend pour cacher un suicide.* On y est bien forcé quand on se croit obligé de remplir les intentions de l'ami qu'on vient de perdre et qui désirait d'être ouvert après sa mort : et si on a la certitude d'obtenir un résultat qui détruise encore l'idée du suicide, pourquoi ne le ferait-on pas si c'est un devoir de détruire cette idée?

— « Voyez, ajoutez-vous, combien de gens il « aurait fallu mettre dans la confidence ; et croyez- « vous qu'un secret confié à tant de personnes « eût été un secret bien gardé ? » Non assurément. Aussi le bruit du suicide se répandit-il si rapidement et si généralement dans la capitale, qu'on fut obligé de publier, pour le détruire, les procès verbaux, qui ne produisirent pas l'effet qu'on en attendait [1].

— « Personne à Ermenonville ne pense que Jean- « Jacques se soit suicidé. » S'il en était autrement, monsieur de Girardin aurait été bien maladroit.

— « Pourquoi se serait il suicidé? Quel motif « aurait pu le porter à cet acte de désespoir? » Le dégoût de la vie, la perte de son indépendance, l'idée cruelle dont il était tourmenté, la conduite de Thérèse. On a lieu même d'être étonné qu'il n'ait pas pris ce parti plustôt ; par exemple, quand, la tête troublée, il allait à Notre-Dame pour y déposer un manuscrit sur le maître-autel.

— « Le procès verbal détruit toutes les suppo- « sitions. » Il ne détruit rien, parce qu'il ne prouve rien, d'après l'examen qu'en ont fait des médecins dont j'ai rapporté l'avis.

---

[1] Voyez-en les preuves (B. C. D) dans les pièces justificatives à la suite de cette réponse.

— « M. de Corancez et madame de Staël (p. 11)
« ont discuté sans doute sur le genre de mort de
« Rousseau. Le coup de pistolet a paru à cette der-
« nière une absurdité : elle aura forcé M. de Co-
« rancez d'en convenir. Alors elle se sera emparée
« de la tasse pour y mettre le poison. » Je répète
que M. de Corancez et madame de Staël ne se sont
point connus : ensuite je rétablis les faits. Madame
de Staël a publié sa lettre sur Jean-Jacques en 1788,
et M. de Corancez son récit en 1798. Il aurait
mal rempli l'engagement de reconnaître l'emploi
de l'arme à feu comme absurde, puisque c'est le
seul qu'il paraisse admettre. Je le répète, c'est à
dix ans l'un de l'autre qu'ils ont écrit, et chacun
en indiquant un moyen différent. C'est un fait, et
il n'y a rien de si opiniâtre qu'un fait.

— Vous supposez (p. 6) « que M. de Corancez
« était piqué de ce que Rousseau n'était point allé
« habiter à Sceaux l'appartement qu'il lui avait
« proposé; » : et c'est à ce motif puéril que vous
attribuez l'opinion qu'il s'est faite sur le genre de
mort de Rousseau! Voici comment M. de Corancez
s'exprime au sujet de cet appartement ou plutôt de
la maison qu'il lui cédait, car c'était une maison
entière. « Je dois observer que la préférence de
« madame Rousseau pour Ermenonville était bien
« naturelle. Sceaux ne lui offrait que l'habitation,
« et les moyens de Rousseau pour soutenir son
« ménage étaient devenus insuffisants. M. de Gi-
« rardin, M. Le Bègue de Presle, et madame Rous-
« seau, qui ne considéraient que ce côté de sa si-

« tuation, étaient donc louables de chercher à ef-
« fectuer ce parti. Le mal est qu'ils raisonnaient à
« l'égard de Rousseau comme on devait le faire avec
« les autres hommes, sans faire attention de com-
« bien il en différait. » J'ajoute qu'à Sceaux, il eût
été totalement affranchi des devoirs de société.
Ermenonville offrait bien plus de ressources : mais
la difficulté, que je crois insurmontable, était de les
faire accepter à Rousseau pour le reste de ses jours.

— « La dénégation de Thérèse (p. 13) importe
« beaucoup. Elle a du poids, et elle en acquiert
« surtout par la réunion des circonstances qui ten-
« dent à en démontrer la véracité : dès-lors elle
« nous paraît devoir être considérée comme dé-
« cisive. » Le raisonnement serait victorieux si la
réunion des circonstances n'était pas hypothétique,
d'après l'examen que nous en avons fait; et surtout
si Thérèse n'avait pas eu un intérêt direct et
puissant à nier le suicide en supposant ce genre
de mort. Vous devez avouer, monsieur, en effet,
que si quelqu'un pouvait être compromis, dans
cette catastrophe, et conséquemment, intéressé
personnellement à la nier, c'était Thérèse; non
qu'on l'eût accusée d'intervention, mais parce
qu'elle était chargée du soin de rendre heureux
l'homme illustre qui se l'était associée, ou du
moins d'adoucir ses chagrins. [1] Aussi sa mémoire

---

[1] Celle qui pouvait rendre l'existence de Rousseau supportable,
au moins, doit repousser avec énergie le soupçon de la lui avoir
rendue pénible, odieuse, et de l'avoir mis dans la nécessité de s'en
affranchir.

mériterait d'être flétrie, si elle n'eût épargné cette peine, par la manière dont elle s'est conduite pendant les vingt-deux années qu'elle a survécu à Rousseau. Son nom accolé à celui d'un nom célèbre rappellera sans cesse une longue erreur de Jean-Jacques, et sera comme une tache inexplicable. En revenant à la *dénégation que vous regardez comme décisive*, je vous ferai observer que vous oubliez les contradictions de Thérèse, dans le récit des circonstances. Le défaut d'intelligence et de sagacité de cette femme explique ses contradictions. Si sa conscience, ses remords et son intérêt n'eussent pas arrêté la vérité sur le fait principal (le genre de mort), elle serait sortie de sa bouche. Avec un caractère comme le sien, nous devons convenir que jamais elle n'eût varié si elle n'eût point eu de reproches à se faire.

— « Comment se fait-il, me dites-vous, monsieur, « que vous vous joigniez à ceux qui l'accusent de « s'être ôté la vie ? comment n'avez-vous pas senti « que ce pouvait être aussi un moyen inventé pour « le mettre en contradiction avec lui-même ? » Quoique je croie avoir répondu à ce reproche, j'y reviens. J'ai dit qu'il n'y avait pas de contradiction de la part de Rousseau, puisqu'il admettait le suicide comme permis dans quelques circonstances. Je rappellerai, dans l'article suivant, un fait positif qui le prouve. Si, comme vous le laissez entendre, le suicide était un moyen employé par ses ennemis, il est bien étonnant que la connaissance de ce moyen ait été publiée par ses admirateurs

et ses amis. C'étaient madame de Staël, MM. de
Corancez, Coindet et Moultou. Le bruit général,
qui se répandit dans Paris peu de jours après sa
mort, ne vint d'aucun d'eux [1]. Ce fut plus tard que
les deux premiers l'examinèrent, et déclarèrent,
après l'avoir discuté, que la version du suicide leur
paraissait probable. Madame de Staël et M. de Corancez expriment leur admiration pour le génie et
les talents de Rousseau, leur vénération pour ses
qualités, pour sa mémoire. Le langage qu'ils tien-
nent l'un et l'autre ne permet aucun doute. Ni
l'un ni l'autre ne croyaient donc faire aucun tort
à Rousseau. Comme eux j'ai cherché la vérité sur
celui qui avait pris pour devise l'amour de la vérité; et, dans mes recherches, j'ai toujours eu la
satisfaction d'obtenir ce résultat, que Jean-Jacques
n'avait rien à craindre de cette vérité dont il se
faisait l'apôtre. S'il en eût été autrement, j'aurais
eu le courage de le dire. J'aimerais bien mieux,
monsieur, que Jean-Jacques eût achevé tranquil-
lement sa carrière dans le plus beau lieu du monde.
Vous prouvez très-bien, et je le crois, que Rousseau *devait se plaire* à Ermenonville : c'est un délicieux séjour. Celui qui le créa, qui savait si bien
l'embellir, en devait augmenter les charmes pour
ses hôtes, par son esprit, sa conversation, ses qualités aimables. Bien loin de me *contenter* d'admettre
ces faits, je provoquerais leur publicité, s'il en

---

[1] On pourrait croire que M. de Corancez n'y serait pas étranger.
Mais ce qui doit faire rejeter cette idée, c'est que ce n'est point son
opinion qui se répandit, et qu'il ne publia que vingt ans plus tard ;
ce fut celle où l'on prétendait que Jean-Jacques s'était empoisonné.

était besoin : mais, monsieur, tout ce qui est délicieux en soi-même cesse de l'être quand l'ame n'est pas disposée à en jouir. Ces projets, que vous décrivez si bien, ces longues soirées d'hiver, cet herbier, cette Flore d'Ermenonville, tout est détruit par Thérèse.

—Je passe vite à travers la description séduisante que vous faites des occupations de Jean-Jacques éclairant l'active bienfaisance de madame votre mère. Si je m'y étais arrêté, je n'aurais pas eu le courage de vous répondre ; je vous aurais rendu les armes en disant cependant, malgré cela, Rousseau a pu vouloir cesser de vivre ; parce que je me serais souvenu que vous aviez dix ans alors, et qu'il *fallait* établir une tradition que des préjugés qui n'existent plus rendaient *nécessaire*, et dont même ils faisaient un *devoir*.

V. Examen des circonstances de la vie de Jean-Jacques, et des particularités de son caractère, propre à jeter quelque jour sur cette discussion.

Il n'est pas inutile de rappeler d'abord une circonstance où Rousseau paraît avoir eu le projet d'attenter à ses jours, ainsi que l'opinion qu'il exprime, dans sa correspondance, sur le *droit de disposer de soi - même*. Si cette opinion est différente de celle qu'il manifesta dans la *Nouvelle Héloïse*, nous devons le remarquer : une lettre confidentielle, nullement faite pour être imprimée, doit différer d'un roman, et, quant à l'expression d'un sentiment, mérite peut-être plus d'attention.

Je vois, dans la correspondance, que le 1er. août 1763, Rousseau, réduit au désespoir, soit par des souffrances physiques, soit par un vif chagrin, écrit le même jour trois lettres dans lesquelles il exprime le projet de se débarrasser du fardeau de la vie. La première et la troisième sont adressées à deux de ses amis, MM. Duclos et Moultou. Il leur dit *qu'il est absolument dans le cas* de l'exception *marquée par milord Édouard en répondant à Saint-Preux.* Par la seconde, écrite à M. Martinet, châtelain du Val-de-Travers, il lui envoie son testament et lui recommande Thérèse, en lui faisant ses adieux : « Je pars, lui dit-il, pour la patrie « des ames justes. » Il reprit bientôt courage, et n'exécuta point son projet; mais enfin ces lettres et le testament prouvent qu'il y avait songé sérieusement [1].

Le 24 novembre 1770, Rousseau répond à M. ***, qui le consultait sur le dessein qu'il avait de se tuer. « On sait bien, lui dit-il, que quand quelqu'un « nous dit qu'il veut se tuer, on est obligé en cons- « cience à l'exhorter de n'en rien faire. » Il remplit ce précepte; il convient que la mort est préférable à l'opprobre, et qu'on peut se la donner *pour des maux intolérables et sans remède.* Il ne les désigne point ; mais il dit que l'indigence n'est point un motif pour s'ôter la vie. Ces faits prouvent que Rousseau croyait que, dans certains cas, on pouvait disposer de soi.

Il est bien certain, et sans doute vous en con-

---

[1] Voyez correspondance, lettres du 1er. août 1763.

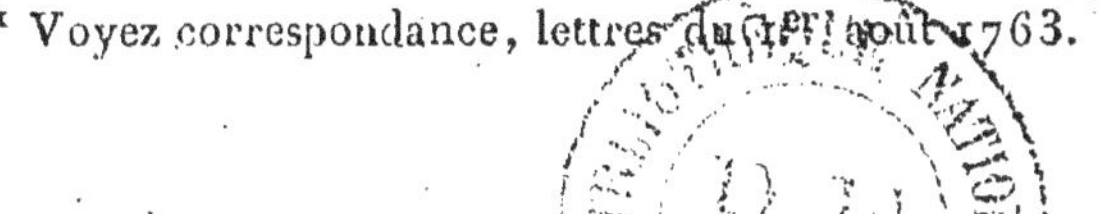

7

viendrez, que Rousseau n'a point demandé l'hospitalité à M. de Girardin. Elle lui fut généreusement offerte, soit directement, soit par des intermédiaires : je l'ignore [1]. M. votre père n'eut d'autre intérêt que le désir de faire une bonne action ; sentiment qui guidait le maréchal de Luxembourg, le prince de Conti, le comte Duprat, quand ils firent de pareilles offres à Jean-Jacques. Je ne parle que de ceux-là, parce que la calomnie, qui ne respecte rien, pas même la vraisemblance, a vu qu'il était impossible de rendre leurs intentions suspectes [2]. En assimilant celles de M. votre père aux nobles intentions des personnages que je viens de nommer, je ne fais que rendre hommage à la vérité. Mais, monsieur, c'était une offre imprudente et téméraire, que celle d'un asile à Rousseau ; que d'attirer chez soi *l'homme de l'indépendance*, à qui toute espèce de joug, excepté celui des lois, était insupportable ; qui se vantait de n'avoir pas *le cou pelé ;* expression familière dont il se servait en parlant de ceux qui, ayant le malheur de n'être pas chez eux, étaient soumis à des devoirs, à des convenances, à des chaînes dont il s'était et croyait s'être affranchi pour toujours.

Passons en revue les circonstances dans lesquelles

___

[1] Il parait, d'après la relation de M. le Bègue de Presle, que ce fut ce médecin qui proposa Ermenonville de la part de M. de Girardin. Cette offre aurait été faite au mois d'avril 1778.

[2] C'est pour cette raison que j'omets madame d'Épinay, à qui il était possible de supposer un motif auquel je ne crois pas ; mais qui fut cependant avancé dans le temps. (Du penchant pour Rousseau.)

on vit Jean-Jacques accepter un asile ou le refuser. Nous verrons que souvent le bienfaiteur fut indiscret, parce qu'il n'étudia point assez les goûts de celui à qui il voulait rendre service.... S'il les eût étudiés, il aurait renoncé sans peine à la plus douce de toutes les jouissances.

En effet, il n'était pas aisé de rendre des services à Rousseau. Beaucoup de personnes pouvaient croire qu'il en avait recu d'elles, parce que Thérèse avait eu l'infamie de les demander au nom de Jean-Jacques, et conséquemment de les obtenir. Sa mère, madame Le Vasseur, lui avait donné des leçons, et l'exemple, qui est la meilleure de toutes. Lorsque Rousseau le sut, il en devint furieux et la renvoya. Séparé de cette femme il crut n'être plus exposé au même danger. Mais il se trompa, et Thérèse imita sa mère, d'abord avec timidité, puis à toutes les occasions qui se présentèrent.

Rousseau repoussait tous les bienfaits, et celui qu'il avait le plus de répugnance à recevoir était précisément le bienfait que lui offrit monsieur votre père : c'est-à-dire l'hospitalité et presque la cohabitation ; car le pavillon est si près du château qu'il en fait en quelque sorte partie. Quelque concession que fasse à l'indépendance un bienfaiteur généreux pour que son hôte la conserve dans toute son étendue, si cet hôte a le sentiment des convenances, il verra qu'il est des devoirs à remplir dont rien ne peut dispenser ; si des malheurs l'ont rendu susceptible, ombrageux ; si son imagination s'effarouche aisément, elle augmentera ces devoirs et prêtera à ceux qui en sont l'objet des intentions qu'ils n'ont pas ; la pensée continuelle de ce tribut, et cette idée qui peut n'avoir aucun fondement, troublent le repos, altèrent cette indépendance chérie....

Rappelons-nous quelques situations analogues dans la vie de Rousseau. Nous voyons qu'une fois libre à Paris, il ne veut plus cesser de l'être. Madame d'Épinay met l'Hermitage à sa disposition : c'était à une bien plus grande distance de la Chévrette que ne l'est du château d'Ermenonville le pavillon qu'habita Rousseau. Il fait ses conditions, et toutes sont toujours pour conserver sa chère indépendance : afin de l'aliéner le moins possible, il force madame d'Épinay de souffrir que les gages du jardinier soient à sa charge : « *Il n'était* « *point tenu d'aller faire sa cour à la dame du châ-* « *teau, qui, malgré cette convention, l'envoyait cher-* « *cher souvent.* Il s'y rendait avec plaisir pendant « les premiers mois : mais la seconde année, ces « devoirs lui devinrent pénibles parce que c'était « des devoirs. » Cependant il les remplit, et lui seul nous fait connaître dans ses *Confessions* la gêne qu'ils lui causaient [1]. Grimm, par ses intrigues, parvient à brouiller Jean-Jacques et madame d'Épinay. Au commencement de l'hiver Rousseau lui écrit qu'il voulait *quitter l'Hermitage*, mais que ses amis lui conseillent d'y rester jusqu'au prin-

---

[1] Voyez tom. 1er de la Correspondance, édition de M. Dupont, pag. 395.

temps et que si elle y consent il suivra leurs avis. Madame d'Épinay répond avec dureté « qu'elle « était étonnée que des amis l'eussent retenu; « qu'elle ne les consultait point sur ses devoirs, « et qu'elle n'avait plus rien à lui dire sur les « siens. » Un congé si formel rend à Rousseau malade et languissant toute son énergie, et le 15 décembre, quoique la terre fût couverte de neige, il décampe de l'Hermitage après avoir eu soin de payer les gages du jardinier de la Chevrette.

Une pareille leçon ne s'oublie pas : elle laisse un souvenir douloureux. Aussi Rousseau *se fit-il, en sortant de l'Hermitage, la loi d'avoir toujours son logement à lui*[1]*, loi à laquelle il ne put renoncer pour occuper* l'appartement du petit château que le maréchal de Luxembourg lui fit accepter à Montmorency pendant qu'on réparait le logement qu'il tenait à loyer de M. Mathas, et dans lequel il retourna dès que les réparations furent achevées, ne fesant plus que des pélerinages au petit château.

Quand on lit les descriptions charmantes de ses visites chez le maréchal de Luxembourg, l'innocente supercherie de ce *bon seigneur* (comme l'appelle Rousseau), qui faisait passer le râteau sur le sable de la cour pour effacer les traces des voitures, on sent combien il était difficile d'*apprivoiser Jean-Jacques;* combien il fallait faire de réflexions avant de lui rien offrir.

Au milieu de la nuit du 9 juin 1762, Rousseau, réveillé subitement, partit, comme vous le savez,

[1] *Confessions*, liv. x.

de Montmorency, pour se mettre à l'abri de l'ar-
rêt du parlement de Paris. Il se rend à Yverdun,
chez son ami M. Roguin : mais apprenant que le
sénat de Berne se propose d'imiter l'exemple de
Genève qui, suivant celui de Paris, venait de condamner l'Émile, il se refugie à Motiers-Travers, dans
la principauté de Neuchâtel. Il y prend une maison
à loyer. Bientôt il fait connaissance avec Milord
Maréchal, gouverneur de cette principauté, qui,
trouvant des charmes dans sa société, veut parta-
ger avec lui le château qu'il habitait. « Il voulait
« absolument, dit Rousseau, me loger au château
« de Colombier, et me pressa long-temps d'y pren-
« dre à demeure l'appartement que j'occupais. Je
« lui dis enfin que *j'étais plus libre chez moi*, et que
« j'aimais mieux passer ma vie à le venir voir. Il
« approuva cette franchise et ne m'en parla plus....
« Le château de Colombier était à six lieues de
« Motiers : j'allais tous les quinze jours au plus
« tard y passer vingt-quatre heures ; puis je reve-
« nais de même en pélerin, le cœur toujours plein
« de lui. Que de larmes d'attendrissement j'ai sou-
« vent versées dans ma route, en pensant aux bon-
« tés paternelles, aux vertus aimables, à la douce
« philosophie de ce respectable vieillard ! Je l'ap-
« pelais mon père, il m'appelait son enfant. Ces
« doux noms rendent en partie l'idée de l'attache-
« ment qui nous unissait, mais ils ne rendent pas
« encore celle *du besoin que nous avions l'un de*
« *l'autre*, et *du désir continuel de nous rapprocher.*[1] »

[1] *Confessions*, liv. XII, édit. de Dupont, tom. XVI, p. 86.

Pour refuser Milord Maréchal dans les termes où ils en étaient, il fallait à Jean-Jacques un grand courage, ou plutôt cet amour de la liberté pour laquelle il sacrifiait la fortune et les honneurs. Cet asile le mettait a l'abri de toutes les persécutions, et de l'indigence dans laquelle il tomba sur la fin de sa vie[1]. Lorsque Milord fut remis en possession de son immense fortune, il voulut faire du bien à Rousseau, lui donner de l'aisance. « L'unique « profit qui me revient, lui écrivait-il, est de pou- « voir faire du bien à ceux que j'aime ; je n'ai pas « de parents ; je ne puis emporter dans l'autre « monde mon argent. J'ai encore un *fils chéri*, « *c'est mon bon sauvage ;* s'il était un peu traitable, « il rendrait un grand service à son ami. Mon bon « et respectable ami, vous pourriez me faire un « grand plaisir en me permettant de vous don- « ner.... » et le *sauvage* ne le lui permit pas....

Il n'eut pas de peine à ne pas accepter ensuite l'asile que voulait mettre à sa disposition le comte Orlof.

Le château de Trye, près de Gisos lui fut offert par une main qu'il ne pouvait refuser : c'était moins un devoir qu'une nécessité. Il revenait précipitam-ment d'Angleterre, sans s'être auparavant assuré d'une garantie pour habiter un pays d'où il était proscrit. Le prince de Conti devenait en quelque sorte cette garantie ; il mit à sa disposition l'un de ses domaines. Rousseau préféra ce séjour à celui que lui offrait le marquis de Mirabeau. Il eut rai-

---

[1] Milord Maréchal est mort la même année que Rousseau.

son, car l'économiste ne méritait assurément la préférence sous aucun rapport. Trye était une demeure isolée qui ne convenait pas à Thérèse. Le prince voulut que Jean-Jacques y fût maître ; ce qui ne convenait nullement au concierge, qui mit tous ses soins à contrarier Rousseau. Le prince, qui connaissait les goûts de son hôte et son amour de l'indépendance, se garda bien de la troubler. Une fois il annonça sa visite, se fit désirer, parut, et ne revint plus. De son propre mouvement, Rousseau, poussé à bout par le concierge, dégoûté par les insinuations de Thérèse, sortit de cette retraite. Les désagréments qu'il y avait éprouvés à l'insu du prince, auquel il ne voulut pas se plaindre, renouvelèrent la résolution qu'il avait prise, en quittant l'Hermitage, de ne plus être chez les autres, résolution à laquelle il n'avait manqué que parce qu'il ne pouvait faire autrement.

Après avoir erré dans le Dauphiné, d'auberge en auberge, il loua près de Bourgoin, sur une montagne, une maison appartenant à M. de Césarge. Il en partit pour revenir à Paris en juin 1770. Il reprit *le métier* auquel il avait coutume de se livrer dans cette capitale : c'est dire qu'il se mit à copier de la musique. Mais s'obstinant à ne recevoir qu'un prix très-modique de son travail, cette ressource devint d'autant plus insuffisante que ses forces diminuaient, et que les besoins qu'amène la vieillesse allaient en augmentant. Dans le courant de l'année 1777 il tomba malade et fut obligé de renoncer à copier de la musique. Ce fut alors

que la misère et son cortége humiliant se présentèrent à cette imagination si ingénieuse à se tourmen-
ter. Il fait un mémoire, mais d'une lecture pénible.
Il y sollicite de la pitié publique un asile, annon-
çant que, pour l'obtenir, il abandonnera tout ce
qu'il possède [1], pourvu que l'on *donne à sa femme
tous les soins que son état exige ; à lui, le vêtement
le plus simple et la nourriture la plus sobre.* Il n'ex-
cluait pas l'hôpital. Il fit quelques copies de ce
mémoire et les remit à diverses personnes, suivant
les occasions.

C'est dans ces tristes circonstances qu'il accepta,
le 31 décembre 1777, *l'asile paisible et solitaire que
M. le comte Duprat avait la bonté de lui offrir* [2]. Un
ami du comte, le commandeur de Menon, voulait de son côté que Rousseau vint habiter une
maison qu'il possédait à Lyon. Mais il la refusa,
parce qu'on lui avait rendu le séjour des villes insupportable. Le 5 février 1778 (la date n'est pas
indifférente) l'acceptation du château de M. Duprat est renouvelée avec l'expression du plaisir :
« Je désire, lui dit-il, d'aller finir mes jours dans
« l'asile aimable que vous voulez bien me destiner :
« tous les vœux de mon cœur sont pour y être :
« le mal est qu'il faut s'y transporter.... toute fa-
« tigue à soutenir effarouche mon indolence : il
« faudrait que toutes les choses dont j'ai besoin
« se rapprochassent, car je ne me sens plus assez

---

[1] Il avait environ 1400 francs de rente viagère.

[2] Ce sont ses propres expressions, dans sa lettre à M. Duprat
du 31 décembre 1777.

« de vigueur pour les aller chercher. Vous, mon-
« sieur le comte, le seul qui ne m'ayez pas délaissé
« dans ma misère, voyez de grace ce que votre
« générosité pourra faire pour me rendre l'acti-
« vité dont j'ai besoin. J'aime à me bercer dans
« mes châteaux en Espagne, de l'idée que vous
« seriez ici, avec monsieur le commandeur; que
« vous daigneriez aiguillonner un peu ma paresse,
« que mes petits arrangements s'en feraient plus
« vite et mieux sous vos yeux, que si vous pous-
« siez la miséricorde jusqu'à permettre ensuite
« que nous fissions route à la suite de l'un ou de
« l'autre, et peut-être de tous les deux, alors comme
« tout serait aplani !... »

Le comte Duprat lui avait parlé de quelques
précautions à prendre pour éviter trop de sensation : quoiqu'elles dussent paraître singulières à
Rousseau, elles ne forment pas le plus léger obs-
tacle. « Je n'ai nulle répugnance, lui écrit-il, à
« aller à la messe : au contraire, dans quelque
« religion que ce soit, je me croirai toujours avec
« mes frères, parmi ceux qui s'assemblent pour
« servir Dieu. Mais ce n'est pas un devoir que je
« veuille m'imposer, encore moins de laisser croire
« dans le pays que je suis catholique. Je désire
« assurément fort de ne pas scandaliser les hom-
« mes, mais je désire encore plus ne jamais les
« tromper. Quant au changement de nom, après
« avoir repris hautement le mien, malgré tout le
« monde, pour revenir à Paris et l'y avoir porté,
« huit ans, je puis bien maintenant le quitter pour

« en sortir, et je ne m'y refuse pas. Mais l'expé-
« rience du passé m'apprend que c'est une pré-
« caution inutile et même nuisible, par l'air de
« mystère qui s'y joint et que le peuple interprète
« toujours en mal. Vous déciderez de cela, con-
« naissant le pays comme vous le faites : là-dessus
« comme sur tout le reste, je m'en remets à votre
« prudence et à votre amitié. »

Six semaines environ se passent : il paraît que
le comte Duprat et le commandeur n'avaient pu
se rendre à Paris. Dans une lettre du 15 mars
1778, la dernière que Jean-Jacques ait écrite, ou
du moins qui ait été conservée, il mande au comte
qu'il attend son arrivée ou celle du commandeur,
parce que Thérèse et lui ne peuvent se mettre seuls
en route. Il revient sur les précautions exigées,
la *messe* et l'*incognito* : « l'expérience, dit-il, m'a
« fait connaître l'inutilité et les inconvénients de
« ces petits mystères, qui ne sont qu'un jeu mal
« joué. Vous prétendez, monsieur, qu'on ne m'in-
« terrogera pas : on saura donc qu'il ne faut pas
« m'interroger; car d'ailleurs c'est un droit qu'avec
« peu d'égard pour mon âge s'arrogent avec moi
« sans façon petits et grands. Je mettrai, je vous
« le proteste, une grande partie de mon bonheur
« à vous complaire en toute chose convenable et
« raisonnable ; mais je ne veux point là-dessus
« contracter d'obligation. »

Ce voyage ne se fit point : on en ignore les
raisons; mais je crois que la seule cause est la répugnance de Thérèse dont on voit la preuve dans

cette lettre. Jean-Jacques y dit qu'elle *aimerait
mieux mourir* que de s'exposer encore aux désagréments qu'elle avait éprouvés jadis en voyageant.
Quoi qu'il en soit c'est deux mois après qu'il partit
pour se rendre à Ermenonville, où sous beaucoup
de rapports il devait être mieux que chez M. Duprat, puisque l'on n'exigeait de lui ni la messe ni le
changement de nom. Mais il fallait à Jean-Jacques
une grande intimité avec celui dont il acceptait
un asyle. Il connaissait depuis long-temps le comte
Duprat; voici ce qu'on lit dans un recueil des
romances de Rousseau. « M. le comte Duprat ne
« manquait guère, lorsqu'il était à Paris, d'aller
« tous les matins visiter M. Rousseau; une se-
« maine entière s'étant passée sans qu'il y allât,
« M. Rousseau prit l'alarme, et ayant demandé
« de ses nouvelles avec beaucoup d'inquiétude, il
« apprit qu'il était malade. Contraint par la loi
« qu'il s'était imposée de ne plus aller chez per-
« sonne, mais dirigeant depuis ses promenades
« vers le nouveau boulevard, il passait tous les
« jours le long des murs de l'hôtel du comte Du-
« prat. Un soir, après s'être arrêté quelque-temps
« vis-à-vis une première porte, le voilà tout-à-
« coup qui s'élance et pénètre jusqu'à l'apparte-
« ment du comte, qui jouit alors de la douce sa-
« tisfaction de voir le penchant l'emporter sur les
« principes. [1]

Ces détails, monsieur, ne sont rien moins qu'é-

---

[1] Le comte Duprat était lieutenant-colonel du régiment d'Orléans.
Un jour il alla voir Jean-Jacques en habit d'uniforme. En l'aperce-

trangers au sujet qui nous occupe. Ils prouvent combien c'était une affaire épineuse et délicate à traiter que l'offre d'un asyle à Rousseau ; combien il fallait avoir sa confiance, et qu'on ne pouvait l'obtenir qu'après une longue fréquentation.

Dans toutes les maisons habitées par Rousseau, je ne vois que le château de Trye et le pavillon d'Ermenonville qu'il eût à *titre gratuit* ; à l'hermitage il s'était chargé des gages du jardinier de madame d'Épinay ; à Wootton il payait six cents livres à M. Davenport, qui ne voulait rien, et qui fut obligé de les recevoir, plutôt que de perdre son hôte ; il est vrai que M. David Hume a bien soin de faire remarquer que le loyer de Wootton devait être d'un bien plus haut prix, et de laisser entendre qu'il était difficile que Rousseau s'y méprît. Cette charitable insinuation se détruit d'elle-même quand on sait qu'il n'occupait que deux chambres et un vestibule au-dessus de l'appartement du maître de la maison, qui n'y venait que

vant Rousseau lui dit avec une sorte de tristesse : « Et vous aussi, « vous faites le métier d'homme de guerre !

Je dois ajouter que M. Duprat ne doutait point que la mort de J. J. Rousseau n'eût été volontaire. Interrogé sur cet événement par quelqu'un qui lui disait : est-il vrai que l'auteur d'Émile se soit tué ? il répondit après un moment de silence, et comme contrarié et affecté de la question : *Hélas ! ce n'est que trop vrai !* Je tiens cette particularité d'un témoin ancien officier qui servait dans le même régiment que M. Duprat, et qui même était lié avec lui. Je ne mets point ce fait au nombre des preuves. Je ferai seulement remarquer que M. le comte Duprat, attaché à Rousseau qu'il avait vu très-souvent peu de mois avant sa mort, était parvenu à lui faire accepter un asyle ; qu'il le regrettait ; qu'il vénérait sa mémoire ; qu'il ne croyait nullement l'outrager en disant ce qu'il croyait être la vérité ; enfin que son témoignage est d'un homme de bonne foi et désintéressé.

très - rarement. Dans sa lettre du 10 mai 1766, Jean-Jacques décrit à sa manière, et la maison, et le site, et le paysage. En supposant que le loyer de deux chambres et d'un vestibule au second étage d'une maison de campagne située à cinquante lieues de Londres, valût plus de six-cents livres, il suffit que Rousseau ait pu ne pas s'en douter.

De cette discussion il résulte comme faits certains ;

1°. Que le seul témoin de la mort de Jean=Jacques est Thérèse Le Vasseur ;

2°. Qu'elle a donné sur ce qui se passa dans la dernière heure de sa vie, des renseignements contradictoires, qui détruisent la confiance qu'elle aurait pu mériter sans ces contradictions ;

3°. Que le procès verbal exprimant le doute sur le fait principal, et contenant des erreurs reconnues actuellement, n'a plus le même degré de certitude ;

4°. Qu'il constate à la fois une mort causée par une attaque d'apoplexie et des symptômes étrangers à cette mort ;

5°. Qu'il est démenti, quant à quelques circonstances, par le *seul témoin* de ces circonstances, qui ne pouvaient ni ne devaient être dans ce procès-verbal [1] ;

6°. Que la relation de M. René de Girardin, est et ne peut être faite que sur le dire de Thérèse ;

---

[1] Dans un procès verbal on doit constater l'état présent des choses ; c'est-à-dire ce qu'on voit ou ce qu'on entend. Si l'on y parle de ce qu'on n'a ni vu ni entendu, on ne peut le faire que sur des dépositions dont on fait mention. Or, aucun des signataires du rapport n'était à Ermenonville dans la dernière heure de la vie de Rousseau.

7º. Que la fille de M. de Girardin, interprète de l'opinion de monsieur son père, a pensé et même écrit que la *nouvelle du suicide de Rousseau pouvait avoir des conséquences dangereuses par leur effet, et fâcheuses pour la mémoire de Jean-Jacques* : conséquemment que le devoir de M. de Girardin était de dérober à la connaissance du public ce qui *pouvait* avoir des *conséquences dangereuses et fâcheuses ;*

8º. Que le bruit d'une mort violente se répandit dans Paris ausitôt après l'événement;

Me voici, monsieur, à la fin d'une tâche pénible que vous m'avez imposée : je n'ai fait que me justifier, et rappeler les motifs sur lesquels je fondais mon opinion. Je n'ai point prétendu démontrer une *certitude* ; car je m'étais exprimé dans ces termes : « Nous trouvons qu'il y a dans les ren-« seignements qu'on a transmis sur la mort de « Jean-Jacques, assez de motifs pour présenter, « sous le rapport historique, cette version (celle « du suicide) comme *probable;* et quant à nous, qui « la croyons *certaine*, nous le disons sans prétendre « qu'elle doive le paraître à d'autres. »

Votre opinion, bien propre à m'ébranler dans la mienne, m'a forcé de faire de nouvelles recherches.

Je pense maintenant avec plus de raison que je n'en avais, que J. J. Rousseau a déposé volontairement le fardeau de la vie.

PIÈCES JUSTIFICATIVES.

Nota. M. de Girardin termine la lettre qu'il m'a fait l'honneur de m'écrire, par des notes qui sont de véritables pièces justificatives à l'appui de son opinion. La mienne n'en manque pas, et je vais les mettre sous les yeux du lecteur, après avoir rappelé celles qui me sont opposées.

SECTION I.

DES PIÈCES JUSTIFICATIVES DE M. DE GIRARDIN.

1° La première est la lettre de madame la comtesse de Vassy à madame la baronne de Staël (p. 20). Ce témoignage étant de la sœur de M. de Girardin, n'en doit pas être distinct. J'y trouve seulement que madame de Vassy ne voit pas du même œil que monsieur son frère le suicide de J. J. Rousseau : elle croit que cette action serait une tache à la mémoire de l'auteur d'Émile, *et le mettrait en contradiction avec ses principes.* J'en tire cette conclusion, que M. de Girardin devait, par cette considération, et pour ne pas flétrir la mémoire de son hôte illustre, taire le genre de sa mort; moi qui ne vois point ce résultat, et qui crois que cette mort fut volontaire, parce qu'elle était suffisamment motivée, je l'ai dit dans l'*Histoire de J. J. Rousseau;* c'est cette opinion qui a fait prendre la plume à M. de Girardin.

2° Procès verbal (p. 22) dressé par les chirurgiens après la mort de Rousseau, en date du vendredi 3 juillet 1778. C'est celui de la *visite* du corps. On y déclare d'une commune voix, que Rousseau est mort d'une apoplexie séreuse.

. 3° Rapport (p. 24) de M. Casterès, chirurgien à Senlis, de *l'ouverture du corps* de Jean-Jacques. Ce chirurgien, aidé de deux autres chirurgiens, et en présence de trois médecins, procède à cette opération importante. On propose d'admettre comme cause *vraisemblable* de la mort, la *pression* et l'*infiltration d'une quantité de plus de huit onces de sérosité*, trouvée entre la substance du cerveau et les membranes qui le recouvrent.

Le chapitre 1er est consacré à l'examen de ces deux procès verbaux. Le dernier, le plus important, celui qui devait établir le degré de certitude, est infirmé, 1° par l'expression du doute qui le termine ; 2° par l'attestation de ce qui se passa dans la dernière heure de la vie de Jean-Jacques, à laquelle n'assistèrent ni le chirurgien qui ouvrit le corps, ni ses deux aides, ni les trois médecins témoins de l'opération ; 3° par les réflexions de médecins qui, après examen de ce rapport, font voir qu'il est en opposition avec les observations admises et reconnues par la pratique et l'expérience depuis l'époque de la mort de Rousseau.

4° Procès verbal (p. 27) de l'inhumation du corps de J. J. Rousseau.

5° Acte de dépôt du rapport d'ouverture (p. 28).

Ces deux derniers actes sont étrangers à l'affaire.

6° Extrait (p. 29) d'une notice sur les derniers jours de J. J. Rousseau, par son ami M. Le Bègue de Presle, et imprimée à Paris en 1778.

Nous avons parlé de cette notice dans le troisième chapitre. M. Le Bègue de Presle était parti le 26 juin d'Ermenonville pour retourner à Paris. Il laissa Rousseau bien portant. M. de Presle ne le revit plus et ne revint qu'après sa mort. Il atteste qu'il *a joui d'une bonne santé* jusqu'au jeudi 2 juillet. Ce médecin n'a point été témoin de la mort de Rousseau.

7° Extrait (p. 31) d'une lettre à Sophie, comtesse de ***, par René de Girardin, sur les derniers moments de J. J. Rousseau, datée d'Ermenonville, le   juillet 1778. Cette lettre est pleine d'intérêt, élégamment écrite, et d'une lecture attendrissante. Mais quant au fait, objet de la discussion, elle constate qu'il n'y eut d'autre témoin de la mort de Jean-Jacques, que Thérèse; que M. de Girardin n'entra dans la chambre qu'après la chute de Rousseau; et conséquemment que les détails donnés par le premier sur les derniers instants du second, sur les paroles qu'il a prononcées, viennent de Thérèse, qui, dans le récit qu'elle fit ensuite par écrit, assure que Rousseau tomba sans prononcer un mot. Nous rapporterons cette lettre, avec quelques observations.

SECTION II.

PIÈCES JUSTIFICATIVES A L'APPUI DE NOTRE RÉPONSE.

(A) Sur les différentes manières de voir le suicide.

On pourrait faire des volumes sans rien conclure. Ceux qui ont traité de *lâcheté* cet acte de désespoir ne me paraissent pas avoir mûrement examiné la question. Il est bien difficile de supposer l'abandon volontaire de la vie sans aucune espèce de sacrifice. On part toujours avec un désir ou un regret. La nature a si bien arrangé les choses, que la vie a toujours un grand prix : mais nous l'avons *gâtée :* les sauvages ne s'en délivrent que dans leur vieillesse, et lorsque l'âge ou les infirmités les rendent inutiles, à charge à la famille.

Voici deux ou trois faits généraux transmis par l'histoire :

« Les anciens habitants de Panama (Amérique), se sentant malades et perdant l'espoir de recouvrer la santé, s'en allaient au milieu des champs et se donnaient la mort. »   (BELLEFOREST, *Hist. univ.*)

« Les habitants de l'île de Cos, devenant vieux et inutiles, invitaient à un banquet leurs parents et leurs amis. Ils se couronnaient de fleurs, et au dessert ils avalaient la ciguë. »   (OELIEN, liv. III.)

« Les Marseillais descendus des Phocéens pensaient que la mort était plus à désirer qu'à fuir.

« Ils gardaient en un lieu particulier, de la ciguë exprès pour en donner à ceux qui avaient la volonté de mourir.

« Les uns se tuaient ainsi parce qu'ils étaient accablés de chagrins et d'infortunes ; les autres parce qu'ils jouissaient d'une trop heureuse destinée, et qu'ils craignaient de perdre ces jouissances. »
                    (VALÈRE-MAXIME, liv. II, chap. I.)

Ces derniers ne pouvaient être que des fous. La crainte de perdre des jouissances ne peut faire prendre, pour les conserver, le plus sûr moyen de les perdre. On cite cependant quelques exemples analogues arrivés en Angleterre ; mais on n'assure pas en même temps que ceux qui ont donné ces exemples possédassent saines et sauves leurs facultés mentales.

EXTRAITS

DES MÉMOIRES CONTEMPORAINS.

(B) Extraits des *Mémoires secrets*, etc., connus sous le nom de
Bachaumont

T. xii, p. 53, à la date du 20 juillet 1778. « Comme
« on avait fait courir des bruits sinistres sur la mort de
« M. J. J. Rousseau, qu'on prétendait *volontaire*, il se
« répand un extrait des minutes du bailliage et vicomté
« d'Ermenonville, du 3 juillet, par lequel il est constaté
« juridiquement et d'après la visite des gens de l'art, que
« Rousseau est mort d'une apoplexie séreuse. »

Même volume, p. 87, à la date du 17 août 1778. « Il
« paraît une lettre imprimée, fort rare [1], d'un anonyme
« aux auteurs du Journal de Paris. Elle est datée du 13
« juillet 1778 : elle roule sur la mort de J. J. Rousseau
« et en contient les particularités. L'écrivain semble
« avoir pour but de réfuter *tous les bruits qui ont couru*
« à l'occasion de cet événement singulier.... Certaines
« gens ne trouvent pas que le défenseur ait rempli son
« objet, par les circonstances de l'accident de Jean-Jac-
« ques, par ses propres paroles, et le genre de douleurs
« dont il se plaint, par la *certitude qu'il a de sa fin pro-*
« *chaine* [2]; ils en infèrent, au contraire, une suite de
« preuves qu'il s'est empoisonné, et ne peut être péri de
« l'apoplexie séreuse énoncée au procès verbal [3]. »

[1] Cette lettre se trouve dans la Correspondance de Grimm.

[2] C'est en effet un terrible argument contre l'apoplexie.

[3] Après la publication dans Paris de ce rapport ou procès verbal,
M. Berdelen, chirurgien de M. Le Noir, lieutenant de police, disait :
« Rousseau est mort ; où ? on le sait ; mais comment ? on l'ignore. »
Ce propos, que la position rendait indiscret, fut recueilli et fit faire
des conjectures.

T. xiii, p. 3o3, à la date du 9 mars 1779. « L'objet de
« l'écrit de M. Le Bègue de Presle sur Rousseau est,
« comme le premier dont on a parlé, de dissiper les
« soupçons répandus dans le public sur la cause de
« la mort de Rousseau et sur la manière dont elle était
« arrivée, ainsi que sur sa créance.... il y a peu de
« chemin de l'état vaporeux que décrit le docteur, au
« suicide. »

T. xiv, p. 289, à la date du 27 novembre 1779. « Ma-
« demoiselle Levasseur, veuve de J. J. Rousseau, qui de sa
« servante était devenue sa femme, vient de rentrer dans
« son premier état : elle a épousé le nommé Nicolas Mon-
« tretont, un des laquais de M. le marquis de Girardin,
« seigneur d'Ermenonville, chez lequel le philosophe s'é-
« tait retiré.... Cet événement *confirme l'idée* qu'on avait
« du triste intérieur de Rousseau, et les *soupçons* que
« dans son désespoir il a accéléré sa mort. »

Même volume, p. 312, à la date du 17 décembre 1779.
« Le mariage de la veuve de Jean-Jacques est très-vrai,
« et M. le marquis de Girardin a expulsé de chez lui cette
« femme à laquelle il avait conservé la retraite donnée à
« son mari. »

T. xv, p. 320, à la date du 12 septembre 1780. « Un An-
« glais, dans une note du dialogue intitulé *Rousseau juge de*
« *Jean-Jacques*, dit que peu de temps avant sa mort il
« le chargea de lui chercher un asile en Angleterre. Fait
« précieux, en ce qu'il confirmerait les soupçons que ce
« philosophe inconstant commençait à se déplaire à Er-
« menonville, et surtout celui que, dans un accès de son
« humeur noire, il avait accéléré la fin de ses jours. » Cet
Anglais se nommait Brooke-Boothby ; mais je ne crois
pas qu'il ait vu Rousseau à Ermenonville. Ainsi la conjecture de l'auteur des Mémoires serait sans fondement.

Je ne rapporte cet extrait que pour faire voir que le bruit du suicide n'était pas détruit.

(C) Extraits de la *Correspondance littéraire* de Grimm.

T. iv, juillet 1778, p. 262. « L'opinion *généralement* « *établie* sur la nature de la mort de J. J. Rousseau *n'a* « *pas été détruite* par la lettre de M. Le Bègue de Presle. « On persiste à croire que notre philosophe s'est empoi- « sonné lui-même.... Cette ame naturellement susceptible « et défiante, victime d'une persécution peu cruelle, à « la vérité, mais du moins fort étrange, était à la fois trop « forte et trop faible pour porter le fardeau de la vie. » C'était, comme on voit, dans le mois de la mort de Rous- seau que Grimm écrivait aux souverains d'Allemagne avec lesquels il correspondait, que Rousseau *s'était em- poisonné.* Ce n'est donc point de l'invention de madame de Staël, qui n'avait alors que 13 ans.

(D) Mémoires du comte d'Escherny.

« Cet homme (Rousseau) si jaloux de sa liberté, de « son indépendance, va (entraîné ou séduit on ne sait » comment), perdre l'une et l'autre à Ermenonville ! il « n'y peut pas supporter plus de quatre mois[1] le fardeau « de la vie. Il devança le moment marqué par la nature; « il prit son congé, et n'attendit pas qu'elle le lui donnât. « Où serait donc l'obligation de vivre, quand on ne vit « plus que pour souffrir toujours ? »

Ces différents extraits font naître la réflexion suivante :

---

[1] Le comte d'Escherny était dans l'erreur quant à la durée du sé- jour de Jean-Jacques à Ermenonville. Il y alla le 20 mai et y mourut le 2 juillet. Mais comme le comte était à Paris à cette époque, nous rapportons son témoignage comme une preuve de l'opinion générale sur le genre de mort de Rousseau.

Si la mort de Rousseau eût été naturelle, il est bien extraordinaire que le bruit du suicide de cet illustre écrivain se soit répandu subitement d'Ermenonville à Paris, sans cause, sans motifs; et qu'il devînt bientôt assez public pour donner l'éveil au gouvernement, assez grave pour le déterminer à publier dans la capitale le procès verbal qui devait constater une mort causée par une attaque d'apoplexie.

(E) Papier écrit de la main de J. J. Rousseau.

Il remit ce papier au chevalier de Flamanville, dans le mois de juin 1778, pendant la visite que lui fit ce chevalier de Malte à Ermenonville [1].

Nota. Cet écrit fut imprimé, pour la première fois, le 20 juillet 1778, dans le Journal de Paris; ensuite dans les Mémoires de Bachaumont, dans la Correspondance de Grimm.

« Ma femme est malade depuis long-temps, et le progrès de son mal, qui la met hors d'état de soigner son petit ménage, lui rend les soins d'autrui nécessaires à elle-même quand elle est forcée à garder son lit. Je l'ai jusqu'ici gardée et soignée dans toutes ses maladies: là vieillesse ne me permet plus le même service. D'ailleurs, le ménage, tout petit qu'il est, ne se fait pas tout seul : il faut se pourvoir au-dehors des choses nécessaires à la subsistance et les préparer : il faut maintenir la propreté dans la maison [2]. Ne pouvant remplir seul

---

[1] « Où est ce papier, dit M. de Girardin (p. 6)? M. de Corancez « n'avance pas qu'il l'ait lu : l'on peut donc douter de son existence. » Voyez dans cette réponse, p. 35, notre observation à ce sujet.

[2] Rousseau, dans cet endroit, a mis la note suivante : « Mon inconcevable situation , dont personne n'a d'idée, pas même ceux « qui m'y ont réduit, me force d'entrer dans ces détails. »

tous ces soins, j'ai été forcé, pour y pourvoir, d'essayer de donner une servante à ma femme. Dix mois d'expérience m'ont fait sentir l'insuffisance et les inconvénients inévitables et intolérables de cette ressource dans une position pareille à la nôtre. Réduits à vivre absolument seuls, et néanmoins hors d'état de nous passer du service d'autrui, il ne nous reste, dans les infirmités et l'abandon, qu'un seul moyen de soutenir nos vieux jours : c'est de trouver quelque asile où nous puissions subsister à nos frais, mais exempts d'un travail qui désormais passe nos forces, et de détails et de soins dont nous ne sommes plus capables. Du reste, de quelque façon qu'on me traite ; qu'on me tienne en clôture formelle, ou en apparente liberté, dans un *hôpital* ou dans un désert, avec des gens doux ou durs, faux ou francs (si de ceux-ci il en est encore), je consens à tout, pourvu qu'on rende à ma femme les soins que son état exige, et qu'on me donne le couvert, le vêtement le plus simple, et la nourriture la plus sobre jusqu'à la fin de mes jours, sans que je ne sois plus obligé de me mêler de rien. Nous donnerons pour cela ce que nous pourrons avoir d'argent, d'effets et de rentes, et j'ai lieu d'espérer que cela pourra suffire dans des provinces où les denrées sont à bon marché, et dans des maisons destinées à cet usage, où les ressources de l'économie sont connues et pratiquées ; surtout en me soumettant, comme je fais de bon cœur, à un régime proportionné à mes moyens. »

Ce papier, remis à M. de Flamanville avec une date du mois de juin 1778, prouve que Rousseau n'était point encore alors dans un asile qui lui convînt, et coïncide avec l'article de la lettre de Thérèse, relatif au désir qu'il avait de sortir d'Ermenonville.

(F) Lettre de Thérèse.

Du Plessis-Belleville, le 27 prairial an VI (15 juin 1798).

MARIE-THÉRÈSE LE VASSEUR, VEUVE DE J. J. ROUSSEAU,
AU CITOYEN CORANCEZ.[1]

« Citoyen, je suis justement affligée des détails que vous donnez sur la mort de mon mari, d'après des propos que vous dites avoir entendus dans une auberge. Cette mort est encore et sera présente à ma mémoire tant que je vivrai, et je puis en tracer tous les accidents : mais auparavant, recevez de la veuve de votre ami le double reproche d'avoir eu pour elle un oubli trop long-temps prolongé, et de ne l'avoir point consultée avant d'écrire.

« Le 3 juillet 1778, et non le 2 juillet[2], mon mari se leva à son ordinaire, il ne sortit point le matin[3] : il devait aller donner une première leçon de musique à mademoiselle de Girardin l'aînée. Il fit apprêter par moi et la servante les choses nécessaires à sa toilette. Nous dé-

[1] Je rapporte cette lettre, parce que M. de Girardin semble en admettre le contenu lorsqu'il me dit (p. 13) que Thérèse « écri- « vit une lettre de reproches très-fondés à M. de Corancez, pour se « plaindre de ce qu'il s'était permis d'avancer que Rousseau s'était « tué d'un coup de pistolet. » Plus bas M. de Girardin insiste sur le poids et l'importance de ce témoignage.

[2] Remarquons en passant combien une certitude exacte et précise est difficile à constater. Le *seul* témoin de la mort de Rousseau, de cette *mort qui sera toujours présente à sa mémoire*, se trompe de date ! Les deux procès verbaux de visite et d'ouverture du corps sont datés du 3 juillet ; et les deux opérations furent faites trente-trois heures après l'événement. Ainsi Jean-Jacques avait cessé de vivre le 2.

[3] On a vu que M. le marquis de Girardin raconte qu'il sortit et se promena.

jeunâmes ; il ne déjeuna point [1], il avait dîné la veille au château d'Ermenonville ; soit qu'il eût trop mangé, il se sentait indisposé. Mon déjeuné fait, il me dit que le serrurier qui avait fait notre emménagement demandait son paiement. J'allai lui porter son argent. A mon retour, il n'était pas dix heures, j'entendis, en montant l'escalier, les cris plaintifs de mon mari. J'entrai précipitamment, et je le trouvai couché sur le carreau [2] ; j'appelai du secours ; il me dit de me contenir, qu'il n'avait besoin de personne, puisque j'étais revenue : il me dit encore de fermer la porte et d'ouvrir les fenêtres ; ce que j'ai fait : ensuite j'aidai mon mari, de toutes mes forces, à se mettre sur son lit : je lui fis prendre des gouttes de l'eau des Carmes. Lui-même versa les gouttes : je lui proposai un lavement ; il le refusa. J'insistai ; il consentit à le prendre : je le lui donnai le mieux que je pus : mais pour le rendre, il descendit lui-même, et sans mon aide, du lit, et alla se placer sur la garde-robe. J'allai à lui, en lui tenant les mains ; il rendit le remède ; et au moment où je le croyais bien soulagé, il tomba le visage contre terre avec une telle force, qu'il me renversa : je me relevai ; je jettai des cris perçants : la porte était fermée. M. de Girardin, qui avait une double clef de notre appartement, entra, et non madame de Girardin. J'étais couverte du sang qui coulait du front de mon mari [3]. Il est mort en

---

[1] On a vu que M. de Girardin raconte qu'il déjeuna. Le procès verbal le constate. Les détails que donne Thérèse pour prouver qu'il ne déjeuna point sont remarquables. Mais elle avait dit le contraire à M. de Girardin, qui ne sut que par elle ce qui s'était passé.

[2] « Elle trouva en rentrant, dit M. de Girardin, son mari sur une « grande chaise de paille, le coude appuyé sur une commode. » (pag. 43.)

[3] Ce qui est assez singulier pour *une légère déchirure* : expression du procès verbal.

me tenant les mains serrées dans les siennes, sans prononcer *une seule parole* [1].

« Je vous atteste, j'atteste à mes concitoyens, j'atteste à la postérité, que mon mari est mort dans mes bras de la manière que je viens de vous décrire [2] : il ne s'est point empoisonné dans une tasse de café ; il ne s'est point brûlé la cervelle d'un coup de pistolet [3].

« Peu de temps après l'arrivée de mon mari à Ermenonville, ce séjour là lui inspira des craintes : il m'en fit part, pour me convaincre de la nécessité de son retour à Paris : toutes peu fondées qu'elles me parurent (je verse des larmes lorsque j'y pense), non, je ne me *pardonnerai jamais de m'être opiniâtrée* à rester à Ermenonville , et les instances de M. de Girardin, qui s'est plusieurs fois agenouillé devant moi pour que je ne consentisse pas à revenir à Paris, ni la dépense énorme que notre déplacement nous avait coûté et qu'il fallait recommencer, n'ont été à mes yeux, depuis sa mort, que de faibles excuses.

« Mon mari mort, oubliant tout ce qu'il m'avait dit, je me suis jetée dans les bras de l'homme qui s'était prosterné devant moi. Je lui ai remis tout l'argent comptant qui était dans la maison. Je l'ai laissé s'emparer des manuscrits, de l'herbier, de la musique, et de tous les objets qui composaient notre avoir.

« Aussi rapide dans sa course que l'aigle dans son vol, cet homme a été a Genève, et, sans me consulter, sans

[1] Que faut-il penser de la gravure qui représente Rousseau mourant en regardant le soleil, et proférant de belles paroles?

[2] Ce qui n'empêche point qu'elle n'ait fait un autre récit à M. de Girardin. Voy. pag. 43 et suiv. de la lettre de monsieur son fils.

[3] En admettant le contraire, elle n'en conviendrait point, parce qu'*elle seule* aurait été la cause de cet acte de désespoir. Il faut combiner ensemble l'énergie avec laquelle elle repousse cette version, et l'expression des remords qui vont s'échapper....

me donner le temps de me reconnaître, il a vendu tous mes effets, moyennant des lettres de change qui n'ont pas été payées, et sur lesquelles j'ai transigé depuis en acceptant une rente viagère.

« Je ne dois pas oublier de vous dire que l'argent que je lui avais donné pour avoir soin de moi pendant ma vie, il me l'a remboursé en assignats.

« Il ne reste pour vivre à la veuve de votre ami, à la veuve de J. J. Rousseau, presque octogénaire, qu'une modique rente viagère sur des particuliers de Genève, difficilement payée, et une pension de 1,500 livres que la nation lui a accordée, dont l'an cinq est dû, et qui est assimilée aux rentes et pensions du grand-livre. Aussi habite-t-elle une chaumière où elle manque presque de tout [1].

« Je finis en vous priant de me rappeler au souvenir de votre épouse.

« Signé MARIE-THÉRÈSE LEVASSEUR,

Veuve de J. J. Rousseau.

[1] C'était une manière de demander des secours d'après une vieille habitude. Thérèse a mangé beaucoup d'argent : il était d'ailleurs facile de la voler. Elle s'enivrait sur la fin de sa vie. Elle allait souvent au collége de Juilly y recevoir des aumônes. On prétend même qu'elle y était employée dans les cuisines.